# 社會學出社會

# 目次

6 序
13 台大社會系簡介

**一、裝載社會學的眼睛**

16 從政治工作出發，培養社會公民力——小英總統幕僚連翊婷
# 總統幕僚 # 公共溝通 # 公民力
23 讓自己成為別人生命中的一點養分——北市社會局科長陳佩琪
# 社會局科長 # 社會結構 # 同理心
29 跨界：不斷冒險的社會學家——使用者經驗研究員葉蒂芬
# 使用者經驗研究員 # 社會學思考 # 突破同溫層
35 用社會學筆，寫出現實社會的故事——採訪編輯、主編邱彥瑜
# 採訪編輯 # 深入議題 # 老年長照
42 追尋陪伴與理解的可能——諮商心理師濮家和
# 諮商心理師 # 權力關係的反思 # 理解他人
48 看見結構、療癒人心——戲劇治療師柳冠竹
# 治療師 # 立場轉換 # 戲劇治療

54 娛樂之外更推廣議題——好萊塢製片劉品均
#好萊塢製片 #議題傳達 #電影
61 重塑臺灣大眾文化的集體記憶——文字工作者蘇致亨
#文字工作者 #人的能動性 #臺語電影
68 在「自己創造的坑」中對抗主流——專訪潤滑液男孩陳柏屼
#部落客斜槓 podcast 主持人 #鉅觀社會 #多元性別
74 將社會學跟音樂都刻進身體裡——大象體操貝斯手張凱婷
#大象體操 #樂團貝斯手 #價值釐清 #個人信念

二、手握社會學的方法

82 用學術研究的邏輯做設計——服裝設計師莊承華
#服裝設計師 #跨領域結合 #產業結構
88 種一棵大樹重建荒蕪的「地方」——老寮青旅創辦人邱星崴
#老寮青旅 #結構分析 #地方創生
95 用書籍搭起臺法文化交流的橋樑——信鴿法國書店職員孫祥珊
#信鴿法國書店職員 #研究方法 #書籍採購

102 用鏡頭說故事——導演林誼如
#導演 #深度訪談 #互動關係

108 人資不是資方的代言人，而是勞資溝通的橋樑——人資副理劉珮琪
#人資副理 #資料蒐集 #勞資中間人

114 在新聞工作中發現家鄉的美好——記者簡惠茹
#記者 #洞察社會 #地方與中央

120 「用身體」實踐社會學——未來子計畫創辦人許躍儒
#未來子計畫 #安親班老師 #實務經驗 #創新教育

126 面對教育不平等，建立系統創造集體改變的力量——Teach for Taiwan 執行長施惠文
#TeachForTaiwan #結構性力量 #教育不平等

133 走進體制內，推進理想中的臺灣社會——臺北市議員林穎孟
#市議員 #田野調查 #體制內改革

140 從溪洲部落至凱達格蘭大道——總統府編審阮俊達
#總統府編審 #田野經驗 #族群主流化


## 三、實踐社會學的理想

148 與勞工站在一起的人——工運組織工作者鄭雅菱
#工運組織 #小島休日 #社運 #勞工權益

155 冤案社會學徒的「告白」——冤獄平反協會倡議主任柯昀青
#冤獄平反協會 #社會倡議 #無辜者關懷

161 以同志認同為經，社會學為緯——臺灣同志諮詢熱線協會秘書長杜思誠
#臺灣同志諮詢熱線協會 #社會倡議 #去汙名化

169 讓城市成為眾人探索的教室——城市浪人創辦者張希慈
#城市浪人 #人本思考 #體制外改革

176 社會學關懷的實作家——專訪衣服圖書館創辦人洪于捷
#衣服圖書館 #改變結構 #去中心化

182 眾力發電的溫柔革命——陽光伏特家創辦人陳惠萍
#陽光伏特家 #知識轉譯 #綠能公益

189 以程式語言解放深度報導的潛能——鏡傳媒前端工程師林昱帆
#前端工程師 #媒介 #去分工化

196 做女籃的發聲者——「Double Pump 女子籃球誌」創辦人潘郡瑤
#DoublePump 女子籃球誌 #性別建構 #媒體經營

202 苗栗教育現場的社會學實踐——大同高中公民老師盧意婷
#公民老師 #分析框架 #在地關懷

209 用社會學思維，發起一場「共享教育」的革命——Hahow 共同創辦人江前緯
#Hahow 共同創辦人 #知識共享 #適才適性

# 序

林國明（台大社會系教授兼系主任）

社會系學生常被問：「讀社會學有什麼用？畢業後能幹嘛？」不僅是社會系，一些所學專業和職業沒有明確對應的學科，尤其是人文社會科學領域，也常被這樣質疑。喜歡高舉就業市場的實用價值來「戰科系」的人們，往往不知道，在科技與經濟快速變動的全球化社會中，各個領域複雜交織，職場需要的能力，不僅是特定的、專門的技術知識，也需要能夠系統思考，看到現象之間的相互關連，並進行跨域溝通與協作的技能，才能解決問題，帶來創新。那些被視為實用價值的人文社會學學科所培養的批判思考、論證分析和溝通能力，正是能夠促動經濟社會創新、解決重大問題的樞紐，是職場所需要的關鍵能力。

這本書收錄了三十篇社會系畢業生的職涯故事。這些故事正可以說明，社會學的訓練，如何培養工作領域所需要的關鍵能力。

本書的作者是六位台大社會系學生，他們利用兩年的時間，訪談數十位台大社會系系友（另外系友歐陽辰柔也貢獻一篇），談他們的工作，談出社會、入職場後，如何體認到社會學的用處。

收錄在本書的三十位台大社會系系友，主要是大學部的畢業生，也有幾位是研究所畢業的，年齡都在四十歲以下，他們的工作分佈在各行各業，有政治、非營利組織，教育、媒體、企業、新創、諮商、影音和文化出版等等。系友們除了談「讀社會學有什麼用」之外，也談他們進入特定行業的機緣，以及工作的特性，讀者可以從中了解各行各業在做什麼。有些工作是一般人沒想到社會系畢業生會做的。這些系友的職涯經驗，當能擴大人們對「讀社會學的出社會能做什麼」的想像，也了解一個看似沒有什麼就業市場實用價值的學科，在職場上發揮的作用。

讀社會學有有什麼用？系友們談到社會學所培養的批判思考和結構視野，是他們在職場上所體認到的關鍵能力。批判思考的能力，讓他們打破框架，能有敏銳的眼光和反思，不會把一切事情視為理所當然，這往往是創意的來源，可以激發出更多不同的想法來解決問題。結構的視野，讓他們認識到「有比個人更大的力量」在運作，而且不能把現象孤立起來，要從系統的觀點，看到諸多現象的關聯。

如從事消防員權益運動的鄭雅苓所言，消防員殉職的悲劇，不能從「高溫閃燃、建築物突然倒塌等不可抗力因素」來解釋，而是要從「勞動條件、指揮系統、現場調度、人力與裝備資源等層面都出現制度性缺失」來拆解殉職的原因。在「為台灣而教」（TFT）擔任執行長的施惠文說，解決「高需求地區」師資不足的問題，不是讓一個老師進到一間教室而已，「它背後是整個社會結構的問題」，要找到對應這些結構問題的解方，例如協助老師連結在地資源，讓老師帶動學校、社區、社會等層次的改變，加強孩子的社會支持系統，透過這些做法去「擾動原本理所當然的運作規則，讓它有一點點轉變」。

結構與脈絡的思考框架，不僅用於帶動制度環境變遷的運動和政策倡議，在組織管理和企業決策的行動層面同樣受用。從事人資管理的劉珮琪說，職場常見的超時工作，並非「能者多勞」，其實會影響到員工的身心健康、家庭與社會網絡的關係，造成工作效能的低落以及公司人才的流失，社會學的思考使他能夠分析超時工作的原因和後果，說服主管改變人力配置和勞動條件。從事情趣用品行業的陳柏屼說，社會學的訓練讓他可以辨識台灣情色文化和其他國家的社會脈絡有何異同，因此更清楚哪些產品比較容易引進台灣市場。擔任電影製片工作的劉品均說，批判思考與結構視野練就他的「品味」，知道如何選擇題材、劇本和合作對象，使他操刀的電影能反映深刻但鮮少人討論的社會議題。

結構的視野，看見制度環境，看到組織決策，也看到個人選擇。系友們說，社會學的訓練讓他們可以更清晰地看見個人的處境、限制和能動性，因此能協助個人在既有的環境下找到立足位置與行動選擇，就像從事戲劇治療的柳冠竹所說的，戲劇治療和社會學的結合使他有能力去跟人的「內在」工作，能將個案放在社會關係中理解他們受苦的來源，並且思索個案與能夠動用哪些資源來開創多樣的行動選擇。

因為知道個人的處境和選擇是被諸多環境條件所形塑的，也就不會輕易去指責個人。如TF

T的施惠文說，他會讓老師們去理解一個家長為什麼「不負責任」，是哪些結構、哪些力量讓他們成為「不理想的父母」。在苗栗竹南擔任高中公民老師的盧意婷說，「去理解每個人、每個選擇的社會條件」，這種社會學的思考習慣，養成了同理心，不僅理解他人的處境，「更反過來看見自己」，了解自己的不足。他也說，同理讓他傾向站在學生的角度去思考，能更有效地與學生溝通、理解學生的需求。

在職場，同理心和其促成的有效溝通，往往是領導協作、發揮創意和解決問題的基礎。例如，學習平台「好學校」（Hahow）的創辦人兼執行長江前瑋，曾在系友座談中自問「一個社會系畢業生憑什麼管理一家科技公司」時，提到社會系賦予他「三大特質武器」：跨域的同理心、溝通力和創意力。社會學的訓練，讓他能夠很快瞭解不同的立場、需求與價值。因為同理心，練就了「溝通力」，總是能綜合不同立場，試圖共存，因此作為溝通與協作者，再適合不過了。社會學的批判思考與結構視野，原本就培養打破框架的思維習慣，再加上同理心與溝通力，就更能聚集想要突破限制的一群人，發想更多改變的可能。

社會系畢業生帶到職場的，除了批判思考、結構視野、同理心和溝通力之外，還有一項核心關鍵能力，是社會學研究方法所培養的分析論證能力。不少人常抨擊人文社會訓練的研究方法不夠「科學」，殊不知一些人文社會學科傳授了非常嚴謹的探究與研究方法。台大社會系提供十六個學分的量化方法（包括統計）和質化方法的紮實訓練。不管在哪些領域工作的系友，都說研究法訓練培養的界定問題、蒐集分析資料、觀念整合和發展論證等能力，讓他們在工作上受用無窮。

在政治的領域，擔任總統幕僚的阮俊達需要撰寫文稿，「社研法的訓練幫助他快速分析及查找工作所需的資料」，對於公務員提供的資料，「社研法的訓練讓他不會把資料照單全收，而是會再更進一步查證、調整、修改資料」。擔任台北市議員的林穎孟說，他應用田野研究的精神在做選民服務，從交談中，了解社會上不同的聲音。在教育和非營利組織的領域，ＴＦＴ執行長施蕙文說，他每天的都在「重修研究法」；每天都有問題要面對，要釐清問題、建立假設，找到適合的方法來解決。在企業的領域，人資主管劉珮琪說，他運用量化方法的訓練：問卷發放、統計分析到半結構式的問卷和訪談，來分析公司組織內部的現象。在臉書工作的葉蒂芬說，研究方法的訓練，讓他能精確分析使用者經驗。在影音領域，電影導演林誼如說，他運用社會研究法所學到的訪談、田野的技巧，在撰寫劇本和電影開拍前，了解特定角色如何行動、如何思考。在設計的領域，服裝設計師莊丞華說，他是用研究方法的精神在做設計；設計追求創新，所以要像研究做文獻回顧那樣，找出過去研究的限制、還沒有回答的問題，這樣才能找到創新的元素。

系友們說，職場上最重視的是「解決問題」的能力。社會系學到的批判思考、結構視野、同理心、溝通能力，以及研究方法，正是「解決問題」的關鍵能力。社會學的用處，不僅是培養畢業生這些職場上的關鍵能力，也因為系友們把社會學的視野、方法和關懷帶進工作中，而對世界帶來了「微變化」。

對於社會學的用處，系友邱星崴在訪談中講了一句很傳神的話，「社會學是把屠龍刀，但你要找到龍在哪裡。」出社會以前，以為龍就是資本主義、父權體制這些結構的龐然大物，出社會以後，發現龍化身在生活、工作領域的細微之處。許多系友都有像經營安親班的許躍儒一樣的體會，「改變結構並非一蹴可幾」；雖然一些系友投身社會運動和政策倡議，希望從結構面改變社會，但有很多系友，在人際互動的微觀層次和生活周遭，看到了改變的可能。如「城市浪人」創辦人張希慈說，社會學的訓練讓他看見結構的運作，可是當他試著要從巨觀層次帶來改變時，卻會不知從何下手，「只有回歸到微觀的層次上才更得心應手」。葉蒂芬也說，「雖然大環境存在許多結構因素，但人與人之間的互動仍是有機會轉換它，在不斷地努力中慢慢改變。」

或許，我們還無法從「結構面」改變整個教育資源分配不平等和升學主義的問題，但在TFT工作的施蕙文，努力幫「高需求地區」缺乏師資的問題，尋求解方。做國小安親班工作的許躍儒，在家長期待成績的壓力下，仍透過生活體驗的學習方式，希望讓小孩有個「快樂的成長園地」。在小鎮的社區高中任教的盧意婷，面對「學習動機較弱，基礎也不夠紮實」的學生，在教學設計花了很大的力氣讓學生豐富學習的經驗。或許我們還無法改變媒體環境，但簡惠茹一篇地方新聞的報導，因為看到結構的、系統的問題，引起迴響，而解決了陳年的問題。「Double Pump女子籃球誌」創辦人潘郡瑤，努力讓女性運動員的身影和聲音，能在媒體呈現。資本主義體制或許牢不可破，但葉蒂芬希望自己對正義的看法，能夠影響企業決策。做人資工作的劉珮琪，希望促成更人性的工作環境。對同志不友善的社會結構或許還難以根本撼動，但同志諮詢熱線秘書長杜思誠，透過許多演講和宣導活動，讓民眾更了解男同志族群的處境。陳柏屼以情色部落客、Podcaster 為業，實踐他對於酷兒、邊緣者社群的關懷，幫助徬徨於社會角落的人們感受到「你並不孤單」。

這些在工作領域帶給世界的「微變化」，可能如施惠文說的，「微觀互動的改變並非徒勞無功」，「這些微小、不起眼的改變與影響最後會創造一種集體性的力量」，成為改變世界的契機。

這樣的「微改變」，具體而微地實踐一些台大社會系老師們在小畢典致詞中所勉勵的「體制內的長征」（何明修）、「遍地種菜」（吳嘉苓）、和「讓自己成為解方的一部分」（范雲）。讀社會學，帶來渴望「改變世界」的志業。但如何明修老師在小畢典致詞所說的，這個志業，要與職業結合，從日常負責的工作開始。每個工作崗位，就是一塊菜園，播下志業的種子，深耕勞動，為建立更合理、更美好的社會，與人合作，這就帶來改變的契機，緩慢但踏實。

這本書因此揭示「讀社會學有什麼用」的雙重意義。社會學不但培養各行各業的工作所需要的關鍵能力，也因為社會學的視野、方法和關懷與工作的結合，為社會帶來改變的可能。

這雙重意義是三十篇社會系畢業生的職涯故事特別動人之處。有一年台大社會系系友的職涯分享海報說，「出社會之後，社會學的養分帶我們到何處生根發芽？」這本書回答了這個問題：到各行各業，真的是「遍地種菜」，不但生根發芽、卓然長成，而且還努力長成讓世界變得更美好的樣子。希望讀者從中看到「社會學出社會」的美麗風景。

# 台大社會系簡介

台灣大學社會系提供完整、多元、跨域、創新和國際化的社會學教育，旨在訓練學生，成為具備人文社會素養、思辨能力、前瞻洞見且能合作共榮的人才。

在大學部的訓練方面，專業課程豐富多元，學生選課自由，可在多元領域探索，將社會學知識與其他領域結合，也可在系上規劃的專長領域深耕。學生有許多修讀英語課程和參與國際交流的機會，以提升英文能力和國際視野。

台大社會系教師的學術研究議題，往往扣緊台灣社會以及全球的變遷趨勢。教師們以嚴謹的學術發現作為政策制訂與促進公共利益為努力的目標，這也成為推動師生社會參與、社會實踐的知識動力。在關注本土議題的同時，台大社會系也努力追求國際的學術影響力。研究表現獲得國際肯定，二〇二〇年 QS 社會學領域排序台大社會系名列全球第四十六名。

# 裝載社會學的眼睛

# 從政治工作出發，培養社會公民力
## 小英總統幕僚連翊婷

撰文／柯亮宇

#總統幕僚 #公共溝通 #公民力

「大哥，可不可以幫我刷一下電梯卡？」剛從總統府開完會趕回辦公室受訪的連翊婷，隨著競選活動結束，競選辦公室即將收攤，早早就把電梯卡繳回的他，現在連回到自己的辦公室都需要保全大哥的「准許」，他笑說自己處於失業狀態。位於北平東路競選總部的十三樓，訪問的會議室裡有一大面落地窗，可以看到下面綠油油的華山大草原。二〇二〇年一月十一日，蔡英文在這裡以八百一十七萬的超高票數連任總統，而連翊婷正是二〇二〇蔡英文總統的競辦發言人，更擔當蔡英文勝選國際記者會的英語主持人。

在總統府和競選總部任職期間，連翊婷就一邊著手申請，並在年初順利取得哈佛大學政府學院（Harvard Kennedy School）的獎學金，準備再次出國進修。儘管在學業與事業上都有著令人稱羨的成就，連翊婷聊起天來就像個大學生，會神來一筆丟出一個冷梗，然後靦腆地自我解嘲；看到我們拿著相機側拍，還要趕緊補個口紅，笑說自己有偶像包袱，相片要先給他檢查。

## 社會學在心中某處隱隱發出微光

連翊婷與許多社會系學生一樣，誠實地說這並不是他的第一志願，「我到現在還記得，指考加權完我還差經濟系的門檻零點一分。」當時對社會學還不甚了解的他，選擇社會系只是因為覺得研究人與人的關係，聽起來很好玩。大學期間，他曾擔任學生代表、參加學生會舉辦活動，也沒忘記自己對經濟系的嚮往，曾積極申請雙主修學位。相較之下，社會學在他的大學生活中看似沒留下太顯眼的痕跡，卻早已在心中某處隱隱發出微光。

「大四那年，我想要申請研究所，卻沒有任何實習經驗，我就投了很多基金會，打電話去問他們有沒有缺工讀生。」後來他誤打誤撞進到民進黨媒體創意中心，那時是二〇一六年，民進黨主席蔡英文二度挑戰總統寶座。實習期間，他在團隊中發揮創意，舉辦寵物溝通、動漫ＶＲ體驗等等千奇百怪的非典型競選活動，成功吸引年輕選民的目光。而實習給連翊婷最大的收穫，是親身了解到媒體的社會影響力。以辦活動為例，一個活動可能立意良善，結果也十分圓滿，但另一方面可能確實花了不少錢，又或者造成交通上些許不便，「而媒體報導的角度就會賦予社會對一件事情截然不同的印象。」

大學四年的社會學訓練，再加上這樣的實習經驗，啟發了連翊婷對公共議題的興趣，也讓他對生涯的選擇有了很不同的想法。「我當然曾經感到徬徨，也曾萌生想投奔管院的念頭，但綜合身邊管院與經濟系朋友分享在商業界的經驗，我更確定了自己不想做單純為經濟利益工作的人。」他期許自己的工作能實現更大的社會目的，卻又時時保有社會學給他的反身性，「雖然這是個很一廂情願的想法，你認為的社會目的不一定是別人認同的社會目的。」

## 與社會溝通，看見公民社會的力量

畢業後，連翊婷成功申請到倫敦政經學院（ＬＳＥ），成為後來的老闆——蔡英文總統的學妹。實習時對媒體影響力的體悟讓他選擇了 Media, Communication and Development 的碩士學程就讀，算是社會學與傳播領域結合的學門。而社會系紮實的訓練基礎，也讓他在就讀碩班時受益良多，「其實很多讀本是我在社會系就讀過的，算是再用媒體的角度去學習它們。」然而部分重疊的課程內容也讓他有時會被社會學的觀點侷限。

回到台灣後，在過去實習部門主管引介之下，他進入總統府任職，經歷了民進黨在二〇一八年的縣市長選舉中大敗，他們意識到溝通的重要，「全台有七百多萬人反同婚，你相信嗎？台灣的歧視有那麼嚴重嗎？其實可以看出公投結果是出於不了解導致的恐懼。」他認為在二〇一八之前，政府與專家其實研擬很多進步、創新的政策，卻忽略讓大眾理解的溝通工作，而把人民落在後面了。在總統府的連翊婷於是發揮傳播媒體專業，團隊做了很多圖卡與懶人包，加強政策宣達。

政府要與社會溝通，媒體是最重要的管道，對於近年來假新聞肆虐，以及媒體對歧視與刻板印象的再製，比起批評媒體，連翊婷認為要「治本」，需要提升閱聽人的素質，與人民在日常生活中的能動性。「媒體會因為收視與商業考量而選擇最符合大家刻板印象的呈現，解決這樣的問題，要從閱聽人做起。很多時候就是要靠我們日常中跟爸媽和家人的互動，把生活中的刻板印象打破。」這是社會學啟發他的視野，在期待政府解決問題之外，要相信公民社會的力量與自主性。

## 站在分歧的交集點，更理解政府的特質與侷限

二〇二〇年的總統大選，連翊婷進入被稱為「辣台派」的蔡英文競選團隊幫忙。蔡英文陣營相較於對手與過去的民進黨，都被說更貼近年輕人了，連翊婷與他所在的團隊功不可沒。初期他擔任社群管理編輯，負責在小英的行程中規劃適合社群媒體的宣傳亮點，像是逛年輕人最愛的小農市集、與貓咪互動，或到路邊攤吃午餐，讓社群媒體上的宣傳有更多發揮的空間。另外，在現在年輕人最流行的社群平台Instagram，他也試圖與比較嚴肅、政策宣導性質的臉書粉專做出區隔，「ＩＧ是一個比較有人味的平台，總統也是人，即便平常形象比較嚴肅，他也會七點起來上班，也會自己洗衣服，所以之前設計『小英心裡話』的單元，就是希望可以將總統的心情跟大眾分享。」

而連翊婷進入職場後，一直都是代表著執政的民進黨政府，對於社會抗爭者，他一樣帶有對這些代表弱勢者的同理與欽佩，卻更知道作為政府的難處。「很多同學在大學時的想法會比較一廂情願，參加社會運動時，有時他們的訴求無法一步到位，這不代表政府背後一定有很骯髒的利益糾葛。政府作為社會分歧的交集點，一定有它必須妥協的地方。」他認為這是自己從大學到現在轉變最大的地方，他漸漸能理解「政府要照顧的不只是你」的道理。但這並不表示他在袒護或譴責誰，「要抗爭團體來體諒政府是很不應該的，因為政府擁有更多的資源。」他說，這些經歷是讓他看得更全面，也變得更同理、更圓融。

## 培養公民力，靠社會系學生「遍地種菜」

回顧自身參與公共事務的經驗，以及對媒體與政府能力侷限的反思，連翊婷認為社會學在當今台灣社會中最重要的的角色，是培養所謂的「公民力」。他相信健全的公民社會就跟訓練強壯的身體一樣，足以彌補媒體與政府在社會運作中的限制與不足。吳嘉苓教授曾在畢業演說提到，社會系學生努力地在台灣社會中「遍地種菜」，連翊婷也認為，透過NGO或社會創新產業，社會系的學生應該在社會各個角落，作培育公民力的幕後推手。

那以現在自己經歷過的一切，會如何評價當初念台大社會的這個選擇？他說自己是幸運的。「因為我的成長經驗很容易長成一個對社會沒有足夠關懷的人」，社會學之眼讓他看見了「社會位置」的重要性。他猶記大學時期，助教曾這樣介紹社會學：「問『為什麼別人可以，但我不行？』是本能，而問『為什麼我可以，但別人不行？』，就是需要社會學才能理解的問題。」這引發連翊婷的思考，思考自己一路從北一女、台大到進入公部門，「我的確是很努力，也有一點點聰明，但會看到我不需要在國中就打工、貼補家用，我父母給了我一個完全無虞的環境，讓我有努力奮發的可能。」

「其實大多數台大生都有這樣的條件，但很多人會忽略這件事。」連翊婷認為出社會之後尤其明顯，同儕間開始比較誰進入了外商公司、誰又在事業上成功，落入為什麼別人可以而我不行的框架。這樣的經驗更讓他體會到從名校畢業後隨之而來的社會責任，更覺得社會學應該要變成大學的通識課。而回到對社會的關懷，他認為社會學的核心是共感與同理，若公民都能以這樣的態度看待社會，我們勢必能迎接更加和諧的世代。

畢業後會做什麼樣的工作，連翊婷說現在的自己還不確定，但不論在求學過程，還是未來再入社會，他都將繼續以農人的身分，耕耘台灣社會的公民力。

（本文採訪於二〇二〇年一月）

# 讓自己成為別人生命中的一點養分
## 北市社會局科長陳佩琪

撰文／柯亮宇

#社會局科長 #社會結構 #同理心

週六傍晚，與陳佩琪相約在台大社會科學院二樓的討論室，他剛結束了一整天在樓上的課程，身為公務員的他，現在也是台大政治系在職專班的碩一新鮮人。一坐下，陳佩琪從手提包裡拿出一隻藍色原子筆，一本裝訂好的資料在桌面攤開、壓平，上面有著密密麻麻的註記。訪談中精準的用字遣詞，看出他在公務體系多年養成的嚴謹態度。陳佩琪畢業那年即進入台北市政府社會局兒少福利科服務，現在的他，是社會局綜合企劃科的科長。

## 徬徨大學生走入兒少領域的公職

「我從小就是比較會念書的、當班長的那種好孩子。」進入台大社會系就讀對陳佩琪來說，某種程度上是一種思想震撼，帶他以從未擁有的視角，看一些視野從未到過的議題。像是大三那年，台灣發生野草莓學運，系上老師與學生紛紛投入運動的組織與行動，原本與這些政治、社會議題有點距離的他，在與同學的閒談、課堂的討論之間，因為好奇身邊的人為何如此投入而主動去了解這個議題，也讓他開始體會到這些「大議題」與自己生活的切身相關。

同樣在大三那年，歷經社會學理論課的震撼教育，陳佩琪發現自己對學術研究沒有興趣，也開始想著未來的職涯選擇。看著系上學長姐進入職場的選擇之廣，沒有明確興趣的他反而有點徬徨，「選項太多的時候會有點驚慌，所以我就選了一個最保守的，我最能夠想像未來會是什麼樣的路。」陳佩琪利用大四的課餘時間到補習班準備社會學以外的考科，並順利在畢業那年錄取北市府社會局兒少福利科。

在兒少科的一個很重要的業務，與兒少表意權有關。因為當時遇到兒少福利法的大修法，修法促使兒少福利委員會得邀請兒少代表列席會議。「很多縣市是有開會的話，會發函給學校推薦一兩個模範生來參與」，然而台北市政府希望能釋出比法律規範更多的權力給兒少代表，因此請益NGO，辦理審議民主會議，最後鎖定國高中生舉辦徵選，讓所有符合年齡限制的學生都有機會參加會議，並讓他們以社會局名義在會議中提案。陳佩琪說，很多時候台北市因為資源較多，也比較願意走在更前面。幾年後的修法，讓孩子終於成為可以提案的會議委員，展現了公務部門行政決策對社會往前的影響力。

## 有機會做社福工作，是一件幸福的事

四年後，陳佩琪在科內升為保護安置股股長。保護安置股並非第一線的社工，而是負責督導安置機構與寄養家庭、媒合安置資源，以及負責保護安置相關案件的行政處分。他猶記得剛當上股長時，曾到機構和被安置的孩子們一起吃晚餐，有個男孩見到他就直說：「不用認識啦，反正我們也不會再見面。」他是讓主責社工傷透腦筋的孩子，常有通報單送到陳佩琪手上，見面時總是穿得全黑、戴著帽子口罩，「你看得出他是一個很封閉的狀態」。他十六歲就輟學並搬離安置機構，自己在外租屋、足不出戶，是後來他的主責社工、社會局、精神科醫生多方來回討論良久，使盡千方百計才終於說服他回到機構與學校，直至最近，畢業後的他已經自己搬入社會住宅學習獨立生活。陳佩琪在一次社會住宅的中秋節活動再次遇到男孩，男孩主動向前跟他打招呼，並將自己做的糕餅請他轉交給局長。「看到他的那一刻還蠻感動的，因為那天再次看到他拿著餅來，是一個很陽光的、會主動跟你攀談的樣子。」

對於這個工作，陳佩琪說，雖然他們並不是輔導的第一線，但在過程中還是會看著許多孩子，協助他們從寄養家庭到收養家庭，離開社福體系找到另一個家，或是結束安置回到原本的家庭，「你會覺得有機會做社福的工作，其實是一件蠻幸福的事情。」

保護安置是一個很「社會工作」的業務，社會學出身的陳佩琪必有經驗上的劣勢，他會一面向資深的同事學習經驗，另一方面靠自己勤跑機構來彌補實務經驗的不足。講起社會工作與社會學的差異，他提到保護安置股的一個重要業務是在協調第一線社工與安置機構雙方的矛盾，此時社會學的觀點就能從中跳脫雙方偏向社工思維的個案輔導視角，從結構面或制度層面去理解，或在案件之間進行比較分析，藉此找到並化解雙方爭執的癥結點。

## 綜合企劃科長，擔負更多居中協調的挑戰

半年前，陳佩琪晉升為社會局綜合企劃科的科長，「我之前對企劃科的想像會覺得是個蠻無聊的單位，因為它主要是幫整個局做幕僚與研考的工作。」但其實在這半年之間，他也發現其中有趣之處。因為社會局的組織編制是以服務對象區分為老人、婦幼、兒少、身障等科別，因此若涉及多類服務對象時，就會由綜合企劃科來負責，在這邊更能看到台北市整體的社福規劃，對陳佩琪來說是一個很好的學習。

像是最近很熱門的居住正義議題，北市府興建的社會住宅有百分之三十的弱勢保留戶，該如何分配名額給不同弱勢族群，讓社會局傷透腦筋。陳佩琪說，當然最簡單的方式可以用抽籤來決定最為公平，但實際上不同弱勢者面對的居住壓力有所差別，有些類型的弱勢如獨居老人、精障者可能是最難在租屋市場上被接受的，因此社會局會希望用更縝密的方式將資源做最「實質平等」的分配，給真正最需要的人。在經歷多方討論與協調後，社會局最後才研擬出評點制度，不看弱勢身分類別而以個人的輕重緩急綜合考慮，例如針對身障、精障、獨居、單親等弱勢條件分別給分，當最後加總的點數較高時，該弱勢者就可以優先入住社會住宅。

在綜合企劃的新工作，除了業務不同，科長這個新身分也讓陳佩琪面對更多挑戰。他認為作為一個主管，除了對外要能與市府其他單位以及民意代表進行溝通協調，更重要的是對內能幫助同事在這份辛苦的工作中找到成就感、認同與價值。陳佩琪說過去自己遇到同僚的爭執或挫折，身為同事他可能只能陪伴對方聊天抱怨，但現在作為主管，他就可以直接調整工作分配、爭取局內其他資源，更主動且實際地表達他對同事的支持。

## 不僅以結構來理解個人，更要以制度來修補傷痕

若用一句話定義社會局的業務，陳佩琪認為社會局的工作是在「面對並協助正遭遇辛苦的人

們」，也因此社會學所強調的同理跟正向態度的必要性，也幫助他做好這份工作。他提到大一剛開學，社會學必修課的課堂上播了美國校園槍擊案的紀錄片，意在提醒大家眼前的殺人犯之所以成為殺人犯，恐怕不是他「個人」可以成就的。他成長過程中疏忽照顧的家長、對他冷嘲熱諷的同學，或僅是冷眼旁觀的路人甲，可能都推了一把。雖然個人為自己的行為負責是必然的，但是社會學對於結構如何對個人行為發生影響的敏感度訓練，在現在也成為幫助陳佩琪同理個案的好工具。

陳佩琪說，面對正遭遇辛苦的個案，再怎麼不忍、憐憫，他都不曾掉淚，這並不是因為冷血無情，而是他相信若是這個集體社會對個案造成了某些傷害，就應該讓制度來修復，這也是社會學教給他重要的一課——不僅以結構來理解個人，更要以制度來修補傷痕。

社會局的工作，是帶給弱勢期盼與幸福的工作，他想起蘇國賢老師在小畢典致詞，勉勵同學一生都能成為別人的祝福；當他在負責兒少安置業務時，當時的科長也常勉勵他們，希望他們都能成為孩子生命中的貴人。對陳佩琪來說，正是社會學給他的滋養，讓自己也能成為別人生命中的一點養分。

（本文採訪於二〇二一年五月）

# 跨界：不斷冒險的社會學家
## 使用者經驗研究員葉蒂芬

#使用者經驗研究員 #社會學思考 #突破同溫層

撰文／賴亨利

在螢幕一側的台灣，時間是十一月十四日早上九點，最火熱的話題是「究竟拜登會當選美國總統還是川普會成功連任？」而在另一側，時間是十一月十三日晚上八點，最熱門的話題仍是美國大選。不同的是，在螢幕的另外一側是美國大選的關鍵搖擺州——俄亥俄州。

隔著螢幕，透過耳機，仍可以聽見清晰的聲音：「我是葉蒂芬，我是新竹人，我現在住在美國的俄亥俄州……」葉蒂芬的經歷、機遇相當精采與多變，畢業即赴美國威斯康辛大學念博士班，在念博士的途中「翹了學術界」，轉戰音樂碩士，而後輾轉前往矽谷知名社群媒體擔任使用者經驗（UX）的研究員。

## 「誤打誤撞」，社會學的培養與儲備

葉蒂芬坦承就讀台大社會系其實是「誤打誤撞」的結果，因為不想念法律、也不想接觸商管學群，所以最後選擇了外文系、社工系與社會系作為他的志願，此時葉蒂芬對於社會學的想像並不多。修完曾嫊芬老師的社會學後，葉蒂芬逐漸對社會學有通盤性的理解，意識到人生的結果與成就並不完全與個人努力有關，反而與更大的社會結構、脈絡有關係，認為社會學帶給他許多從未思考過以及可以討論的話題，促使他嘗試理解並且包容事情的不同面向。同時，研究法的課程為葉蒂芬鍊就出堅實的研究基礎，「coding 一件事情，紀錄別人說的話，尊重每一筆研究資料」，在他未來研究所、使用者經驗研究的路程成為一大助益。

關於大學時期社會學對他的影響，葉蒂芬打趣地說道：「社會學幫助我知道我自己不一定是對的。那個批判的過程，以前我會覺得有點煩。其實我大學的時候還蠻『乖』的，大家都去街上，然後我幫大家寫作業……所以我覺得那時候我有乖乖牌的樣子。」相比其他願意走上街頭的同學，葉蒂芬認為他「把大學當高中在讀」，因為成長背景，他往往覺得需要達成身邊師長、親友的期待，於是好像被侷限在一條道路。然而無可否認的是，大學四年對他而言是一個醞釀的過程，從中汲取知識，開始在日常生活中運用社會學的思考。

## 「翹了學術界」，走上不同的道路

離開台灣，葉蒂芬來到他自小嚮往的美國，脫離故鄉加上外在環境劇變，使葉蒂芬開始關切發生在日常生活周遭的議題，而在討論議題的過程中，葉蒂芬也不停的將問題拋向自己，發現他其實仍有許多可以試錯的機會以及空間。而葉蒂芬之後的抉擇令許多人費解——「翹了學術界」，轉戰音樂系的碩士。他回想當初想要投入學術界的部分原因在於他爸媽都是老師，由於老師與教授的相近性，葉蒂芬認為教授可能有股親切感，另一部分則是「大家覺得我成績好就去念」，他覺得以前許多決定似乎都是回應他人的期待藉此獲得別人的讚賞。社會學反思能量讓他看見了更多可以嘗試的空間，來到美國後，葉蒂芬也開始將之付諸實踐，是一個遲來的「叛逆期」。

他的選擇影響他職涯甚鉅，也造成就讀完音樂碩士後的迷惘。一來是因為葉蒂芬並沒有想過把音樂當飯吃，二來是他認為「社會學的碩士學位不能幹嘛」，他也認為「在台灣好像就有一個台大的畢業證書，就很容易找到工作，但其實在國外不是這樣……」畢業之後，葉蒂芬曾在醫院的社福利部工作、研究，而後進入到了醫療器材的研究，而此經歷讓葉蒂芬進一步嘗試使用者經驗研究以及其他產業的工作。據此，逐漸走入矽谷，成為知名社群媒體的使用者經驗（UX）研究員。

## 站在距離社會學最遠的那端：資本主義中，社會學的作用

以人文社會背景踏入走進矽谷，成為使用者經驗（UX）的研究員，研究法以及社會學思考的訓練使得葉蒂芬在理工背景的矽谷中能夠發揮影響力，無論是量化還是質化的研究方法皆成為葉蒂芬在職場的一大助益。透過研究，使他看見那些潛藏在現象下的機制與因素，呈現出有別於其他人的面向，進而讓銷售的商品更貼近人。以影片的點閱為例，有時候工程師和其他部門的人可能只注重數字，認為越多人看越好，但有時候他針對影片觀看體驗所做出的結果其實不然，直接且快速的點閱率成長反而會犧牲很多品質上的控制，對人的生理、心理以及對公司長期的發展不一定是好的。

在一開始進入業界的時候，葉蒂芬也經歷過調適的時期：「會有種出賣自己的感覺」、感覺「怎麼可以幫資本主義工作？」，但他後來也逐漸轉化這想法。一方面，他認為每個人都能以不

同面向貢獻社會——不論是社會學的視角還是自己對於正義的看法。同時，葉蒂芬覺得社會學在企業體制內的影響力其實更大，「因為可以跟同樣的人對話，幫助他們有不一樣的想法。」有時候他並不全然同意公司的所有決定，也覺得有很多可以批判之處，但他仍可以保有自己的聲音；或許「不能改變組織就是想要賺錢」這件事情，但仍可以在體制底下，透過提出自己的意見與研究成果，對公司的決策產生影響，他認為「這也不是不好的事情」。

另一方面，葉蒂芬在營利組織的經驗讓他發覺企業體制仍有許多可採鑑之處。許多草創公司或是非營利組織會因為「我們不跟那些人（商業）掛勾」或是「學別人銅臭味」，而忽略了在組織運行上確實有利的東西，因此他認為其實企業不全然是壞的，仍有許多可以學習之處。

## 跨越同溫，逐步前行

從離開台灣前往美國，到告別研究所就職大企業，葉蒂芬不斷跨越他所熟習的地方，面對形形色色的人，或許與異溫層的溝通雖然有時費力且令人絕望，但葉蒂芬指出社會學幫助他從人所身處的結構，去思考要怎麼和這個人產生更多連結，因此他相信雖然大環境存在許多結構因素，但人與人之間的互動仍有機會轉換它，在不斷的努力中慢慢改變，帶來未來多樣的可能。

這層反思不僅影響他與其他人的互動，也影響到他的人生觀。在畢業十年後，他不斷跨越那些同溫的域，去未知的異溫層嘗試與冒險。一系列的轉變使他了解「沒有一條路是錯的」，無論選擇、走上了什麼道路，都會有可以學習的地方，不會有白走的任何一個岔口，因此「不要怕走錯任何一條路」，不會有任何的選擇是錯的。

（本文採訪於二〇二〇年十一月）

# 用社會學筆，寫出現實社會的故事
## 採訪編輯、主編邱彥瑜

#採訪編輯 #深入議題 #老年長照

撰文／賴亨利

在台灣傳統媒體中，老年人、長照的議題鮮少被討論，然而在《創新照顧》中卻是主要的焦點。《創新照顧》的首頁中皆是關於長照議題的新聞、專欄文章與線上演講，科技照護、長照政策與長照產業動態等都是都是焦點對象。一篇篇的報導都是新聞記者在挖掘、探詢社會議題的辛苦結晶，而對邱彥瑜而言，這些報導也是他對社會貢獻的一份心力。

邱彥瑜現居於澳洲，經歷過野草莓運動的他深知資訊交流對於公民決策的重要性，因此大學期間便以新聞記者為職志。進入台大新聞所後曾於PNN公視新聞議題中心兼職，畢業之後於安可傳媒先後擔任《安可人生》、《創新照顧》的採訪編輯與主編。

## 「在場」與傳播的意義：媒體作為公民社會實踐的資訊來源

「當時我考進社會系後，第一本買的書就是《圖解社會學》，超級無敵簡單、給完全沒有底子的人看的，不是什麼《見樹又見林》那種很厲害的東西。」邱彥瑜如此說明在指考分發後從零探索社會學的過程。在修習陳東升老師所開設的社會學後，邱彥瑜對社會學有更深的理解。例如課程作業曾要求學生觀察一個空間內的規範、製作不同社經背景的家戶支出表，此使他看見、思考隱含於日常生活、以為理所當然事物後的權力與社會結構，也逐漸關心社會議題。

上大學前邱彥瑜對政治、社會運動是保持敬而遠之的態度，參加野草莓運動則是他大學生涯的關鍵轉折。當時政府因應陳雲林來台的舉措，使邱彥瑜意識到在解嚴後仍有阻止人民表達言論自由的事件發生。第一次社會運動的經驗不僅讓他看見赤裸的國家暴力，也使他了解「在現場」的重要性：「因為你在了解、參與後，你才有辦法去做一些判斷，而不是靠轉述的資料去做了解。」

後來在社會系的課程，也讓邱彥瑜也理解到「民主不只是投票而已，審議式民主讓我意識到，與公民息息相關的議題需要更多了解，才能更有意義地參與。」其中，媒體的角色便相當重要，「媒體是大家了解事情一個很重要的管道，可是當你的媒體有發生偏頗或是不夠全面的狀況的時候很容易讓這個社會的公民沒辦法獲得更完整、多元與全面的資訊」。

高中曾參與校刊社的邱彥瑜對於寫作、新聞工作也有興趣。他修了傳播學程所開設的新聞編寫，課堂的相關內容使他對台灣的媒體產業有更深入的認識，發現「作為一個記者，除了每天報導新聞外，他們其實是有很多的空間去深入的了解社會議題」，後來也加入了台大意識報，豐富大學期間採訪、撰稿的經驗。在歷經社會系的訓練、野草莓運動與接觸相關新聞工作的資訊後，邱彥瑜發現自己相當適合擔任記者。記者的工作一方面帶有社會學對於社會議題的挖掘、深入與關注，另一方面也可以呈現給公民在社會議題上必要的資訊。因此，在大學時期，邱彥瑜便以記者為志願發展。

## 以「硬報導」為志業

在台灣，比起相關學歷，新聞界更重視經驗。然而，邱彥瑜認為不少新人記者因快速緊繃的新聞節奏磨損熱情，因此他選擇進入台大新聞所，不僅累積求職人脈，還有許多資深的實務師資，學習基本新聞寫作技巧、累積深度報導知識，再投入職場。在新聞所期間，除了寫論文、專業技能的訓練外，邱彥瑜受到同學的引薦而至PNN公視新聞議題中心兼職，主要報導有關司法、人權、勞動等社會議題。在此過程中，邱彥瑜發現社會學的背景帶給他相當的助益。「新聞工作很容易掉入個案的問題」邱彥瑜如此補充，往往將問題癥結處歸因於個案上，然而社會學強調「見樹又見林」的態度讓他對於報導對象有不同於他人的理解，重視個人跟他的社會背景、脈絡的互動過程。因此邱彥瑜更喜歡處理關於政策、社會議題的「硬報導」。

不過，邱彥瑜畢業後第一份工作卻是以日常生活的「軟報導」為主。於二〇一七年新聞所畢業後，邱彥瑜受到新聞所學長的介紹進入佼可傳媒工作。成立於二〇一六年，佼可傳媒是以熟齡、老年人為主的媒體。邱彥瑜擔任《安可人生》的採訪編輯，介紹老年人的退休生活、他們的夢想、生活規劃與理想居所等。因此，偏好「硬報導」的邱彥瑜在撰寫《安可人生》的過程中覺得這並未符合他對於記者的期待，自己身為記者的重要性似乎被沖淡。「其實我寫跟其他人寫好像沒有什麼差別，報導好看是因為這個人（報導對象）的故事好看」，邱彥瑜認為理想的記者工作應該是挖掘讀者所不知的社會議題。而在佼可傳媒於二〇一八年創立以健康照護產業、長照政策為主的《創新照顧》後，邱彥瑜隨即成為該雜誌的採訪編輯之一。

## 看見他人的處境：「見樹又見林」的寫作

社會學關注個人所屬的階級、性別、種族等群體對於個人人生經歷的影響，但學院研究、報告的呈現方式卻與常民生活有道難以跨越的鴻溝，「報告有報告的格式，有文獻回顧、研究方法的敘述、訪談的逐字稿、文本分析等等，但是這些放到一般的書你會想看嗎？」在新聞報導的撰寫中，邱彥瑜嘗試化解二者的籓籬，將社會學在學院中所強調的概念轉換為常民所能理解的語言。

在《安可人生》採訪過程中，邱彥瑜發現有些老年人完全沒有想過退休的生活，成長於經濟蓬勃發展年代的他們將自己的成就感建立在工作上，一旦失去工作便無法接受自己、不願出門，與社會失去連結。邱彥瑜便將這些視角與思考融入到他報導的撰寫中，將個人的老年退休生活與更廣大的社會脈絡連結。

而在偏重政策議題討論的《創新照顧》，邱彥瑜則發現農業縣市長照政策的困境必須被置入更廣大的結構與脈絡去思考。長照實際上是全台性的議題，而每個地方因人口結構、產業類型、縣市預算等差異，有不同型態的長照需求，因此無法用同一種標準適用於所有縣市。例如，西部農業縣市的預算並沒有如雙北市豐富；而至於人口結構，青壯年人口外流也導致他們的長照需求更倚賴政策協助。於是邱彥瑜將二地於預算、人口結構的差異融入報導的撰寫中，將不為人知的議題與現象呈現於大眾的目光下，同時也達到媒體使資訊流通的功用。

隨著議題的曝光，公部門也就不得不有所壓力，邱彥瑜便分享於今年初碰到的事情。他曾就二〇二一年三月嚴格執行的〈長期照顧服務人員訓練認證繼續教育及登錄辦法〉爭議為題撰寫一篇報導描述長照業者對此變動的因應策略。而在報導刊出後，邱彥瑜便接到了公部門主管的來電，「他就很緊張，因為他覺得這個報導讓他們被罵得很兇」，邱彥瑜如此說明。從此即可見媒體除了挖掘、呈現議題外，也發揮著第四權——監督政府的作用。

## 確立位置，與「天眼」共存

對邱彥瑜來說，社會學是一個看事情的角度，「如果講得玄一點的話，（社會學）就是『開天眼』……讓你在看世界的時候看到了一些別人沒有看到的東西。」帶著社會學獨有的視角，在他人習以為常的日常生活中，邱彥瑜看見所謂的社會結構、權力，甚至是在發展下被犧牲的人生、弱勢者的痛苦等等。

開了「天眼」後是要學著與所見的不平等共處，邱彥瑜認為許多學社會學的人會對弱勢者處境的束手無策而感到痛苦。「我們的力量是很小的，要如何跟這個不完美的世界共存，這就是社會學教我們的一件事情。」邱彥瑜認為要學著找到屬於自己的位置，與社會學的視角共存。邱彥瑜選擇新聞工作作為自己為社會付出的方式，相較於政府幕僚可以提出政策創造一定的改變，或是老師可以直接改變一個學生的人生，他選擇以間接的方式進行改變，「新聞工作就是把各種資訊比較完整的提供給讀者聽眾大眾、然後讓他們自己去做出判斷，這個是自己比較擅長的，也比較喜歡的方式」。

（本文採訪於二〇二一年七月）

# 追尋陪伴與理解的可能
## 諮商心理師濮家和

#諮商心理師 #權力關係的反思 #理解他人

撰文／李秉純

「我一直想要了解關於人的學問。」任職於彰化基督教醫院的濮家和溫緩而堅定地說。這是他作為諮商心理師的初衷，也是一路從社會學與心理學的訓練中不斷追尋的目標。對外人而言，醫院這座白色巨塔形象冰冷、追求效率且充滿悲傷，但濮家和在此看見了愛與力量，並且以其專業陪伴人們度過難關。若說心理學是由內向外理解一個人的行為，他認為社會學是由外而內的理解，兩者互補地讓他能從生理、心理、社會等角度，以全人關懷的思維認識人進而幫助人。

## 理解人的學問與療癒的方法

雖然笑稱自己是非典型的社會系學生，但濮家和字字句句間都散發著對於人的好奇與嘗試理解的渴望。他在高中時便閱讀許多心理學書籍，也一直是同學聊心事的對象，加上參加偏鄉服務隊意識到城鄉間的貧富差距，便立下服務弱勢的一生志願。將成為心理師當成夢想的他，因為念了文組而開始探詢什麼科系最貼近其志向，最後選擇踏入社會學的世界，但成為心理師為人服務的理想仍一直擺放心中。

大學時，濮家和曾在TIWA教導移工使用電腦，希望透過科技工具來進行運動培力，但他發現對於移工而言，學會這些科技的意義在於能跟家鄉的孩子視訊，他因而意識到社會運動的現場也有許多個人的需要，人對於相聚的渴望也該要滿足。當下的他很想透過諮商來讓移工和家鄉的孩子能有所連結，卻苦無專業，是這樣的體悟，讓他更決定走向諮商的學習。諮商所畢業後，督導邀請他至彰化基督教醫院甫成立的心理諮商中心工作，一來可以實現他對司法心理治療的興趣，二來可以協助建置新進諮商心理師二年期訓練計畫之創舉——這是當時全台醫院與諮商心理界均少有的經驗。懷抱期待與熱血，他離開家鄉來到彰化，一待就是五年。

這五年的日子裡，每天都被大大小小的工作塞滿，濮家和細細數來，從臨床工作、行政評鑑處理、實習生督導與ＰＧＹ制度建構、研究產出、演講等都得兼顧。臨床工作區分成三群對象，對主動求助或主管轉介的員工進行晤談或電話與信件輔導，幫助其面對壓力；協助罕病病友及其家屬調適心理狀態，為預計做基因檢測的人們進行心理強度風險評估；此外，也要帶領司法體系轉介來上家庭暴力認知教育輔導課程的民眾，以及酒藥癮小團體。

在醫院工作，尤其會遇到個案面對的議題太困難而力不從心的狀況。不論是面對深受醫療糾紛之苦的醫師、罹患罕病而絕望的病患，身為助人工作者，濮家和不斷琢磨著「我真的能同理他人嗎？」的命題。在台灣，諮商還沒有被大眾普遍視為專業，多少會受到「你沒體會過這些，有資格進行諮商嗎？」的質疑，但對他而言，諮商培訓的核心不是教導學生當事人的心情，而是交付工具讓他們能引導當事人訴說心情，去理解情緒的意義，並在對話中讓對方感覺是被理解的。理解該如何達成？濮家和感嘆：「人的東西是沒辦法用學院裡面的知識去面對和解決的。」個案面對的情況複雜，解答不是翻課本就有，而得累積自生活中與不同領域的人相處、學習對方的次文化，才能慢慢補足。不過，即便努力去理解他人了，他還是會遇到個案抗拒諮商，因而感到挫折，但他也漸漸明白：「你要跟他的抗拒同在，是不去評價、不去害怕的狀態，那個狀態需要你在臨床工作當中不斷去琢磨自己的心。」跨越自己的感受，看見眼前人的狀態和需要，是濮家和持續做中學的課題。

## 找回自己的能動性與亮點

從社會系轉向諮商心理專業，濮家和有時也在實務工作中感受到兩者看待人的視角具有本質上的差異。比起其他心理師，他看待個案時會更關注於其社會角色為何、汙名對其產生什麼影響。他遇到許多罕病個案關在家中不願外出，其他心理師會認為個案是因得罕病而憂鬱遂不想與人接觸，但社會學的訓練幫助濮家和去思考，除了憂鬱這個詮釋，還要看見社會中瀰漫健全主義的想像，導致大眾覺得「好手好腳」是正常的，病友不想出門是因為拄著拐杖外出時其他人都會盯著「不正常」的身體觀看。因此，濮家和也投入參與醫院社工師與關懷師所設計的病友出遊活動，讓病友們一起拄著拐杖、推著輪椅到生態農莊遊玩，透過集體現身的方式，讓病友感受到自己是可以在陽光底下被看見的。「在疾病照顧上，社會學會去看見人的身心健全與否，他的狀況在社會的角度看起來會是什麼樣子？這樣的標籤、觀點、期望對於個體產生的影響是什麼？」即便有視角上的差異，但濮家和認為心理學與社會學努力達成對人的理解，都是指向同樣的目標——如何讓人過得更幸福、平等、自由。

社會學的觀點也深深影響濮家和對諮商工作的反省，「我覺得我可以在治療的過程當中更去反省權力關係，不會因為我是一個治療師就恣意地幫這些個案貼標籤，讓他們更陷入一種不被理解的狀態，而是讓他們可以在治療過程當中感受到自己是平等的，甚至自己的生命是有亮點的。」

出於對權力關係的省思，濮家和選擇了個人中心學派與後現代學派作為依歸，主張「當事人才是自己問題的專家」，並且將人與問題分開。他以敘事治療為例，面對個案時不會認為對方是憂鬱症患者 (the depressed)，而是有憂鬱症的人 (people with depression)，以此外化技巧，呈現人與他所面對的問題不是綁死的、被限制在這個身分的，能動性便就此開展。

「人的生命當中都會有一些非主流的故事，這些故事也都會有它的力量、亮點。」意識到主流價值觀為何但不以此角度評斷人，也是其工作方法上與社會學十分貼合之處。某次濮家和與夥伴帶領毒品團體，成員分享他過往流連毒品販賣且在槍戰中差點失去性命的故事，團體的偕同帶領者聽完後詢問對方從此事學到什麼教訓？濮家和當下覺得不對勁——這樣的敘說預設了對方該回到「正軌」，暗指他不夠珍惜被撿回來的這條命所以還在這裡戒毒。主流敘事看見的人是沒有力量、需要被矯正的，但後現代學派希望個案看見自己的力量、靠著這力量站起來，如同社會學並非扁平地究責，而是看見人的社會位置、生命故事，理解這些經歷下的決定與選擇，「哇！那你是怎麼讓自己活下來的？」因此他轉而這麼問道。

## 在苦難匯聚之處看見愛

雖然助人工作十分消耗心力，自己也得接受督導或諮商的「進廠維修」，但談到這份工作對他的意義，濮家和馬上眼睛一亮笑說「這有很多可以講！」。因為負責罕病關懷的工作，讓他在許多看似傷心無望的故事中找到生命的亮點。他曾協助一對夫妻進行治療，先生因罕病而無法自主生活，需要仰賴妻子打理起居，但先生卻常對妻子顯露憤怒不滿，讓他十分受傷。起初他認為憤怒來自先生無法接受自己生病的事實，但久而久之發現，先生過去總是能無微不至照顧家人，現在卻要看著妻子為他焦頭爛額，他是生氣自己患病而無法為家庭盡責，也害怕這樣的自己會被拋棄。釐清憤怒的來源後，妻子說：「你放心，我們是夫妻，我不會拋棄你的。」千絲萬縷的誤解便解開了。許多無價的故事在晤談中成為他的寶藏，濮家和也領悟到「一個人的價值不是來自於他的能力、頭銜、貢獻或在他人眼中的價值，而在於他是被愛的。」雖然自己身為治療者，但有時反而是被病友給療癒了。

「助人工作者的價值，對我來說，是在人遇到不好的事情時，可以用溫柔的姿態成為最好的陪伴和理解，鼓勵受苦的人有勇氣相信自己，然後繼續往前走。」醫院看似是匯聚許多苦難和壓力的地方，但也是在這裡，諮商心理師用專業的理解支持著人們，讓外殼脆弱的生命可以找回自己內在的力量；是在這裡，濮家和看到愛、看到人理解他人的可能，並且帶著社會學的關懷從微觀互動中修補人與自我、與他人、甚至是與社會的關係。

（本文採訪於二〇二一年五月）

## 看見結構、療癒人心
## 戲劇治療師柳冠竹

撰文／李秉純

#治療師 #立場轉換 #戲劇治療

「我愛社會學！」談起社會學對成長經驗的影響以及如何深刻將社會學知識與專業所學結合，柳冠竹爽朗地大聲說道。坐落在小巷內的精靈咖啡館，橘黃燈光打在夜晚的木桌上，柳冠竹點了一杯熱洋甘菊茶，蒸騰而上的溫潤香氣，就像學姊言談間給人活力與溫暖並具的形象。

戲劇治療（drama therapy）屬於表達性藝術治療（expressive arts therapy），透過肢

體遊戲、戲劇活動和藝術媒材，使參與者在與治療師的互動中，處理難以透過言語表達的困境，也重新發現自己內在的動能和生命力，進而達致身心的療癒。而柳冠竹發揮社會系分析人們生存處境的眼光，透過看見結構以貼近個案的生命與苦痛，進而在秉持平等、人本的戲劇治療過程中，幫助人療癒結構下的受苦、抓取生存縫隙中洩出的選擇可能。

## 從「人為何受苦？」的探問到找出改變的著力點

社會學的召喚似乎總能勾連至某些受苦經驗及其見證，原本就讀台大戲劇系的柳冠竹常常和社會系的室友討論議題，也因為對助人者的美好想像而加入國際志工隊，實際走訪當地，在對於「志工汙染」未有概念的年紀下，他卻覺得這樣的施予「怪怪的」。面對社區孩子的予取予求、看見當地為了迎接志工而改變生活習慣，柳冠竹反省自己如何看待志工工作與助人：「那個視框其實是我自己的世界觀形塑的，可是其實不一定適合別人，甚至會造成別人的困擾。」這個經驗觸發柳冠竹意識到世界既有的運行邏輯「怪怪的」、思索著「人為什麼會受苦？」碰觸到結構的框架而有感，加上修習醫療社會學時讀了蔡友月老師的文章，使柳冠竹確定社會學正是他心之所向，因此轉到社會系以深化思考這些腦中打轉的問題。

轉入社會學系後，柳冠竹也不斷思考著助人的各種可能性、改變個人處境的各式方法，試圖改變社會體制是一種，所以他曾上街頭參與野草莓學運，不過經過一番追索後，他確定自己想要結合一技之長與興趣來實踐助人工作。而高中時因為媽媽訂閱的《張老師月刊》中介紹了戲劇治療的鉅著《從換幕到真實》，柳冠竹埋下對於戲劇治療的興趣。戲劇治療吸引他之處在於治療師與個案的關係是平等的，且比起其他另類療法，柳冠竹更喜歡戲劇治療中許多動態互動、透過角色扮演與動作往來達成身體與心理的療癒。因此，他在畢業後便跟著幾位戲劇治療師見習其工作內容，接觸實務工作後他更加確定要延續甫接觸社會學時對於「人為何受苦？」的好奇，並帶著社會學的關懷走上戲劇治療之路。

## 社會學結合戲劇治療，看見結構中的「人」

在醫療社會學的討論中，常反思醫者與病患間的權力不對等，不過在戲劇治療抱持的卻是不同於傳統醫學的人觀：「在戲劇治療裡面我們看待人，他是一個有創意的，是可以玩耍，是可以覺得這世界很安全的。」柳冠竹認為戲劇治療本身較為人本、個案中心，並不會把人當成拆解的功能去檢視，也因為治療過程中的玩耍與角色帶入，更能體受到人的健康在創造性與彈性間迸發。循著這樣的人觀，治療師看待個案的困境時一定會討論社會結構的影響，包含機構本身的定位、大環境的文化、個人所能連結到的資源多寡、所處機構的定位等等，並以此作為協助個案適應環境、找回生存依憑的出發點，而這是具社會學背景的他可以快速掌握的。柳冠竹舉了失智症為例，治療師要療癒這個狀況，必定要談到失智症的污名化、大眾對其恐懼如何加深個案的受苦感受，而社會學正好使他能夠精準洞悉個案的處境限制與能動性。

看見結構之後，柳冠竹也看見個案作為一個「人」的需求。常和被貼上「壞孩子」標籤的青少年一起工作的他認為，自己面對這類個案族群時並不會認定個案的壞行為需要去矯正以符合大眾常規，並不是治療師「不想要」就要剝除，那便會流於只是在為自己的價值觀服務。「所以重點不是壞行為，而是我們想幫助他過得更好，這件事情才是重點，還是要回到個案他的需要是什麼。」柳冠竹說他總是有意識地帶著社會學觀點去實踐，讓個案理解自己並沒有「錯」、並沒有「不正常」，進而依循個案適合的方法協助他在這個結構中生存。

「如何在這個環境中活下來？」這個來自治療師工作本質的提問，柳冠竹透過社會學的訓練更清晰地「看見」個人的處境，協助對方在既有的環境下找到立足位置與能動性。這樣的「看見」卻並非絕對正確，柳冠竹強調治療師要很清楚自己的「視框」是什麼，「自己過去的經歷怎麼樣造成你現在帶著這樣的想法去看待你的個案。」這樣反身性的思考也是社會學賦予他的禮物。

## 戲劇治療——一種社會參與

「我覺得不管你作為助人者處在什麼樣的位置，都還是可以有些選擇，是可以更有社會學意識的。」大學時在各種型態介入社會的途徑中摸索出戲劇治療這條路，柳冠竹經過幾年將專業工作與社會學視角的結合後，終於摸索出自己適合的模式。他提到在機構中與人溝通、討論對於創傷的理念，也算是一種想法的交流傳遞，理解他人觀點與其產生背景，而自己帶著特定的視野去和對方溝通、使對方理解他所關注與重視的結構剖析。

不同於一般對於另類治療昂貴、稀缺的想像，柳冠竹長期在社區接社福案件。他笑說自己比較「草根」、比較「台」，但背後回溯至自身的階級背景，來自藍領家庭，服務社區個案讓他有「與同伴一起工作」的感覺，而他長期待在社區的服務也盡可能將戲劇治療深入常民生活，使更多人免於因經濟資本的缺乏而失去選擇治療的機會。

帶著社會學之眼踏入戲劇治療領域，也會遇到不同架構間需要調和的時刻。柳冠竹坦言自己一開始撰寫個案紀錄曾被督導說其筆法非常疏離，像是在寫田野筆記，踩在特定的位置寫下對個案的種種觀察。而戲劇治療作為心理治療的一種，會比社會學更關注在個人的情緒多一些，「我對社會學的理解是個人處境跟社會結構，也許可以增加一些情緒相關內在狀態的學習。」不過，由於台灣現行法規制度中，戲劇治療尚未合法，因此若戲劇治療師要執業則必須取得諮商師或社工師執照。

## 幫助他人成為更有選擇的人

柳冠竹不斷提及社會學如何賦予自己一套視框，但也同時使自己更敏於察覺視框如何影響看待自我與他者。除了看見自我與他人是如何被社會結構形塑，也能自此看見個體到底有多少選擇，進而開展能夠幫助他人成為「更有選擇的人」的方法。柳冠竹總結社會學對他最大的啟發：「一個是去意識到自己的養成，一個是去看到人在社會結構之下他的選擇有沒有可能被拓展。」

「幫助人增加能力去面對自己也面對世界」，柳冠竹是如此定位自己的角色。而戲劇治療和社會學的結合使他有能力去跟人的內在工作，也能將個案放在社會關係中以理解人活在這個世界的困難可能是什麼。重視將個案放在社會關係下探討其受苦來源，並且思索個案與自己的社會位置能夠動用哪些資源來開創選擇的多樣可能，同時反省學術訓練和個人生命經驗如何影響其視角與個人工作方法，這都使得柳冠竹可以持續為各自富有故事的人們在戲劇中帶來療癒。

（本文採訪於二〇一九年十月）

# 好萊塢製片劉品均
# 娛樂之外更推廣議題

撰文／林育葳

#好萊塢製片 #議題傳達 #電影

十五小時的時差，電腦螢幕上映著遠在地球另一端的劉品均。劉品均現居加州，在好萊塢擔任製片。曾經參與過國際名導李安《少年 Pi 的奇幻漂流》的製作團隊，在李安得獎的隔年，劉品均即以劇情短片《背道而馳》獲奧斯卡決選，仿佛想要向影壇證明李安不是唯一一位能夠馳騁於奧斯卡的台灣影人。

## 從零開始的製片工作

劉品均從小就對影視感興趣，他不僅喜歡看電影和電視，更在國小和國中時參加許多戲劇和故事相關的校內活動。然而，劉品均當時並不知道影視作品的背後有「製片」等幕後工作人員，唯一知道的影視相關行業只有演員，不過他並不具表演慾，因此也沒有想到可以就讀影視相關科系。反而剛好因為分數到了，在聽完學姊的介紹後，進入社會學系。

大三時，劉品均開始思考自己畢業後的出路，並因為對攝影和室內設計等領域燃起興趣，開始尋找相關的課程，試圖「自我探索」。當時恰好有一個世新電影系的朋友正在尋找演員，劉品均因此抱著姑且一試的態度去徵選。進入劇組後，劉品均才知道原來電影除了演員以外還有導演、攝影和製片等工作人員，在螢光幕後各司其職，也剛好在當時，政府日漸重視製片，並開始宣導電影的背後不止由導演獨攬大局，劉品均便開始搜尋製片的相關資料。

看著製片的工作內容，劉品均開始反思自己從過去就非常喜歡參與團體活動——大學時曾為校籃和系籃的成員、國中則曾當過童軍，而電影不僅可以說故事，還可以與很多人共同合作，又生產出「能實際看得到」的成品，跟社會學訓練常見的論文寫作比起來，更能讓他獲得成就感。

非本科生的劉品均為了弭平相對其他影視相關科系的同儕的劣勢，積極地投履歷，爭取製片助理的工作。儘管如此，他指出其實人脈在影視產業中非常重要，大概有九成的職缺都是透過私人管道引介，因此他的求職過程相當不容易，最後耗盡千辛萬苦才終於找到廣告公司製片助理的職缺。

然而，從事廣告工作一段時間後，劉品均意識到相對廣告他仍對於故事性較強的電視電影更感興趣，因此他加入《痞子英雄》的劇組，擔任製片助理。

為了累積製片經驗，當聽聞台藝大電影系朋友的劇組在徵求製片時，劉品均自告奮勇地爭取這個機會，他從短片的製作開始學習，一遇到困難就詢問前輩，逐漸在實作的過程中了解如何處理製片工作，漸漸地累積越來越多的經驗。隨著經驗漸長，劉品均更加清楚自己想要當製片，並決心去美國留學。申請學校期間，他在因緣際會下進入來到台灣取景的美國電影《台灣牡蠣》團隊擔任當地的製片，隨後又成功地躋身李安導演的《少年 Pi 的奇幻漂流》團隊。拍攝完後，劉品均剛好成功獲得前往美國電影學院（American Film Institute）學習的門票。

## 製片做什麼?

製片在做什麼？又與監製、出品人有何不同？劉品均坦言這些問題其實並不容易回答。

「製片範圍很廣，不像導演的工作這麼容易定義。」劉品均若有所思地說。以他主要擔任的製片為例，製片必須從頭參與電影的製作，自己挖掘有哪一本書適合改編為電影或是尋找有什麼樣的題材有機會拍成電影。決定好題材後，製片會開始發展劇本和找導演。若上述工作都順利進行，接下來就進入籌資的階段，找製作公司或是投資人開始組合這部電影的融資。劉品均比喻道，每個電影製作團隊其實就像一個小公司，而電影則是這個公司開發出的產品，製片則是類似執行長或是兼老闆合夥人的角色。待籌資完畢後，製片會開始招募攝影師、美術設計、剪接師等——他們就是不同部門的主管。接著便進入前製期，以及後續正式製作、拍攝、後製與發行，在這段期間，製片都必須參與電影的整個過程，協助劇組內成員溝通並給予他們意見，確保電影的方向正確並滿足劇組的需求。而電影發行和在院線播出後，製片的工作仍尚未結束，他們必須確保電影拍出來後和在戲院播放時的成品與開發時的想像是一樣的。

劉品均說，這樣的製片通常在台灣會被翻譯為製片或監製。另一方面，有一些協力製片或是其他種類的製片，則可能僅負責電影製作過程中的特定階段，例如執行製片就是拍攝期的製片。有的製片可能只負責募資，有的專門負責與演員跟經紀人協商，有的擅長搜尋題材並專注於前期的開發，也有部分製片可能僅著重在找電影最後的發行。由於獨立製片在開發階段通常不會有資金，所以其實是消耗自己的時間成本進行開發，所以製片通常手邊都會同時處理好幾件案子，且在每個案子的所擔任的職位也會不一樣，像是以製片為主要職位的劉品均，偶爾也會接手一些執行製片的工作。

## 電影是沒有標準答案的申論題

畢業後，劉品均曾以劇情短片《背道而馳》入圍紐約翠貝卡影展及獲得奧斯卡決選，隨後又回到台灣，帶著劇情長片《非自願測試》與導演 Shatara Michelle Ford 一同在女性影展參與特映會。無論是《背道而馳》、《非自願測試》或劉品均正在計劃中的新作品《紙老虎》，他所操刀的電影皆呈現出具衝突張力的道德命題以及社會議題。《背道而馳》講述一名理髮師在遇到機會為其所憎惡的毒梟理容時所面臨的掙扎，《非自願測試》勾勒出非典型性暴力受害者的生命故事。《紙老虎》則改編自真實事件，描述一個亞裔家庭中，擁有思覺失調症的孩子在父親過世和母親被診斷為癌末後開始出現暴力傾向，在時空背景座落於美國校園槍擊案件頻傳的故事裡，女主人擔心兒子在自己過世後無人照顧的情況下成為槍擊案的加害者，遂殺了兒子。

劉品均希望說故事娛樂觀眾之餘，透過電影反映出他認為重要卻鮮少被討論的社會議題，並引發觀眾的討論。「這可能與念過社會系有關吧！」劉品均說，社會學對他最大的衝擊在於讓他了解到人生或是社會中有許多議題都是沒有標準答案的，並不是所有問題都是標準題或是選擇題，因此許多議題應該是要被思考以及討論的，所以他才會有意識地去選擇「不會下定論」的故事，企圖引發觀眾反思。

社會學帶給劉品均潛移默化的影響，不僅出現在選片，甚至影響他所選擇的合作對象。二〇一八年，當 MeToo 運動開始於檯面下暗湧前，有許多影人都曾經向他提案，想與他合作拍攝與性暴力有關的題材，然而社會學的學術訓練或許讓他養成了某種「品味」，覺得這些提案者的提案都「少了點什麼」。直到在朋友的介紹下，他結識了《非自願測試》的導演 Ford，Ford 同樣擁有人文社會科學背景，且長期關心性暴力議題，或許也由於這樣的優勢，他以鮮少人注意到的現象向劉品均提案——許多性侵受害者並不知道可以藉由「性侵取證套件」（rape kit）蒐證、取證，或是取證後卻沒有及時被送進實驗室化驗、或是即使清楚知道也不相信這個系統會為他們帶來正義等困境。Ford 和劉品均一拍即合，構思出了《非自願測試》的故事，對他們而言，他們想拍的既非「白人女性受性侵後，親友完全明白該如何處理性侵害案件，警察也能迅速偵兇」的故事，亦非僅為「黑人的故事」，而是透過處處援引真實數據及改寫自真實存在的現象勾勒出美國的社會現況的故事，不僅體現關懷，也讓更多人深入認識性暴力及合意性行為等相關議題的延伸討論。

劉品均雖然並沒有直接將社會學訓練的技能應用於製片工作中，卻於選擇題材、劇本以及選擇合作對象的時候展現出社會學訓練鍛鍊出的品味以及視野。訪談的當下，劉品均分享美國已經有些劇組逐漸回復拍攝工作，而他也已就戰鬥位置，準備以電影在娛樂觀眾的同時讓更多的議題被看見，甚至更重要的是被討論！

（本文採訪於二〇二一年四月）

# 重塑台灣大眾文化的集體記憶
## 文字工作者蘇致亨

＃文字工作者　＃人的能動性　＃台語電影

撰文／嚴子晴

有陣子在社群媒體上流行一個小遊戲，每個人列出自己曾經從事過的十種工作，但是其中一個是騙人的，讓朋友們來猜猜哪個是假的。蘇致亨也搭上潮流，在臉書上列出十個不同的影視作品，要大家猜哪一個不是他當童星時拍攝過的。底下留言猜得認真，也不乏有人驚訝地問說：「原來你當過童星啊！」、「重新認識你了！」仔細一看就會發現他的童星之路確實留下許多作品，不只拍過各式廣告、台語連續劇，甚至還有幫國民黨拍過競選影片。蘇致亨說這段特殊的經歷一直到他上國中因為課業變重的關係才結束，不過讓他一直對表演懷抱著某種親切感。流連在不同拍片現場的他，小小年紀就敏銳地感受到台語劇組跟華語劇組的氛圍總是有著些微的差距，也許從這時起就為他以後的研究埋下了一個伏筆。

## 人生如戲，戲如社會學

蘇致亨進入社會系的那年就遇上野草莓運動，關心社會議題的同儕們自然而然地一起走上街頭，因此結識了不少系上高年級的學長姐以及台大濁水溪社的好夥伴，培養出革命情感。野草莓運動結束之後，蘇致亨自嘲：「大家在運動現場疲憊不堪，就想要從街頭轉到課堂上獲取學術養分。」把對於社會改革慷慨激昂的理念轉化成讀書的能量，埋首於台灣社會政治經濟結構的課題。

不過他對戲劇的好感並沒有消退，輔系戲劇系，更在高年級時參與了戲劇系畢業製作的導演助理。一邊是社會學冷硬艱澀、看似離日常生活有點距離的國家體制、公民社會、路徑依賴等學術名詞，一邊是舞台上一個個起落的人生故事，對蘇致亨來說，卻是最不衝突的兩個領域。

「不管是社會系還是戲劇系，其實都是在學怎麼說出一個好故事的學科。」社會系讓他看到個人的行動其實被框限在結構中，但是戲劇系又讓他看到有血有肉的生命如何衝出限制，合在一起恰好拼出社會學家C. Wright Mills所說的「社會學的想像」，將個人的煩惱跟公共社會去做結合，從中看到結構對人的限制與人類的能動性，不同領域帶來的刺激厚實了他的關懷。

而大四的一堂課——外文系沈曉茵老師開的「台灣電影」，讓蘇致亨原本只是對台語片的親切轉變成有系統地了解。當時他也接觸到兩本討論東亞電影的書籍《東亞電影驚奇：中港日韓》、《中日韓電影：歷史、社會、文化》，然而，其中台語電影，乃至於整個台灣電影的缺席震撼了他，讓他萌生找回失落的台語電影系譜的念頭。對戲劇的熱情結合社會學的思考，讓蘇致亨決定要研究戰後台語片的起落：「把庶民經驗重新帶到大的台灣政治史裡面。」

他的研究剖析台灣的電影產業從一九六〇年代過渡到一九七〇年代，經歷從黑白電影轉變為彩色電影的技術轉型，國民黨的政策讓這段轉型期成為台語片由盛轉衰的關鍵，又因為語言政策下國語優台語劣的階序深入人心，以至於後世的我們回頭望只會以為是因為台語片的粗製濫造而衰亡，漏看了台語片的風光過去。

## 一個政策的誕生：透過社會學搭建更穩固的舞台

因緣際會之下，蘇致亨成為當時文化部長鄭麗君的秘書，讓他實際體驗到一個政策從無到有的推行過程是什麼模樣，「你在過去學到的國家跟社會的關係，其實背後就是這些東西。」他解釋文化部做的是台灣藝文產業的基礎工程，不是扶植A補助B就好，而是創造出一個良好的生態系，讓這個生態系統每一層都能獨自穩定運作。他們是造舞台的人，社會學則成為蘇政亨搭建舞台的重要梁柱，例如從是否要管制中國的出版品或是影音作品的討論中，背後就可以連結到國家對市民社會言論自由管制的抽象概念，當政策制定時把問題拉到更高的層次，就可以引入更深的討論。「如果只從案件資料或是政策本身思考的話，就會很難有價值理念的辯證。」順著社會學搭出的架構，讓蘇致亨填進實務環境、經驗資料後構成更大的圖像，以此建造特效十足且足夠穩固，可供創作者、表演者大展身手的華麗舞台。

社會學也是讓蘇致亨在蓋舞台的過程中可以不斷確定自己的位置，找到方向的重要指引。他用車子來比喻政府體制的運作，如果沒有明確的方向或是推力的話，裡面的每個零件看起來都有在運作，實際上只是整台車漫無目的的移動，日復一日的空轉，「一定要有一個願景，才能把這台車推到比較好的地方。」

社會學的訓練正是找到願景的過程，許多理論或研究根源於對社會現狀的不滿，在不滿中更理想的社會圖像或是願景油然而生，並且透過學術研究了解達到這個願景的社會機制有哪些。有了方向跟目的地，接下來要做的就是油門催下，抓緊方向盤，前往台灣藝文產業的大好未來。

## 找到自己的戰鬥位置

離開文化部後，蘇致亨也嘗試過不同類型的工作，像是幫國家人權博物館策劃以戰後到解嚴的電影審查為題的展覽，或是開設戰後台灣文化史工作坊，並繼續書寫跟台灣電影史有關的文章，這些工作的背後都是由他對台灣電影史、文化史的學術研究累績作為基礎。蘇致亨表示其實自己最核心的關懷，就是讓過去被認為是低俗的、難登大雅之堂的大眾文化也可以進入學術討論的視野中，讓大家意識到「常民的吃喝玩樂」其實都是跟政治發展有許多牽連的。但其實他並不是一開始就明確知道自己會用學術研究的方式回應自己關切的議題，也曾迷惘過到底是要進入研究所，還是待在戲劇的領域用實作的方式深耕。

「你想對某種議題直接有所影響的時候，學術跟議題的距離其實是有點遙遠的。」他認為制式的學術論文其實不是一個最好的溝通方式，知識生產與常民生活經驗有巨大的落差，學術研究推動的社會改革是深遠的，也注定了這些影響需要長時間的發酵、醞釀，很難直接的看到成效。

不過吳永毅老師寫的《左工二流誌》讓蘇致亨了解到學術研究之於議題的位置是什麼。左工二流，意思是位居二線的左派工運分子。二流不代表不入流，而是選擇第一線社運分子截然不同的道路，不在街頭衝撞，因為他們的戰場在後方，提供論述、知識、思想的支援。蘇致亨用自己在318的親身經驗解釋，那些被稱為「衝組」或是廣為人知的社運明星在第一線的時候很難全面地思考所有事情，就需要有人在後方沉澱，給予踏實的論述基礎。其實學術研究就是扮演後援的角色，提供人們一個可以長時間地去深刻思考一個問題的機會，得到的結果可以改變其他人看待世界的方式。比起每天迫不及待在各種平台發表意見但內容大同小異，好好的想一個問題並且仔細地回答，才是學術研究最可貴的地方。「你不一定要當馬克思，你可以當馬克思的恩格斯啊！」，只要找到適合自己的戰鬥位置，不管是後勤部隊還是兩棲蛙人，都可以小兵立大功。

事實上，就算是處在研究者的位置，蘇致亨也積極的尋找可以接觸社會大眾的機會，將學術研究出版成書、舉行相關的講座、策辦展覽，這些都是他為了讓學術更貼近一般人的生活做的努力。他提到以台語片為主題的演講，總是可以吸引許多高年齡層的聽眾報名參加，這些人可能不會直接去閱讀他寫的書，可是透過演講讓他們有機會跟場合，可以跟在場的聽眾們一起把過去那些沒有人梳理，也沒有人聆聽的生命經驗說出來，更了解過去生活的面貌及其成因。即使學術研究的確需要長時間的潛移默化才能改變社會，但是蘇致亨親自催化其中的化學反應，就算是潤物細無聲的過程也能收獲感動與繼續前進的動力。

訪談的最後問到蘇致亨未來的工作規劃，他十分誠實的說：「不知道，走一步算一步吧！」不過他嘴上一邊說不知道，又一邊興致勃勃地講了好幾個未來想深入研究的題目跟構想。雖然才剛吐槽「社會學學的是一套內功心法，讓我們不會被侷限在特定領域」這種老掉牙的說詞社會系的學生們都朗朗上口，可是對於改善未來的不確定根本於事無補，但從蘇致亨身上又會讓人不由自主地相信這個說法，社會學讓他對世界抱持興趣、看見問題，再輔以紮實的訓練，能夠有今日的成就絕非只是幸運，同樣也是每位社會系畢業的學生未來得以驕傲的資本。

（本文採訪於二〇二一年一月）

# 在「自己創造的坑」中對抗主流
## 專訪潤滑液男孩陳柏屼

#部落客斜槓podcast主持人 #鉅觀社會 #多元性別

撰文／林育葳

原本相約的咖啡廳提早打烊，訪談改至社會系學會辦公室進行，沿途陳柏屼頻頻發出讚嘆：「好懷念喔！」、「我大概畢業後一年社科院才建好……」談笑間展現他的活力以及親和力。陳柏屼，也許更多人會知道他的另外一個名字——潤滑液男孩——畢業於台大社會系，原以情色部落客起家，主要撰寫情趣用品的開箱文章，直到近年來，漸漸開始自己批貨以及架設賣場，更開始主持Podcast，他的節目《潤男的room》成為Podcast排行榜上的常客。

## 社會學提供救贖與養分

會想要就讀社會學系，與陳柏屼的成長背景以及其男同志身分密切相關。國中時，陳柏屼意識到自己是男同志，感受到社會對於同性戀者的不友善，而高中時，他向家中出櫃卻並未獲得諒解，使他面臨與家人的劇烈衝突，同志的身分不僅讓他感到痛苦，更讓他身邊的人也感到痛苦，當時剛好因為一位就讀社會系的學長讓他接觸到社會學，他因此讀了《見樹又見林》。「那個時候我覺得某種程度上有點被救贖吧，就是開始知道說，不是我有錯、也不是爸媽有錯，而是這個社會有問題。」社會學讓他了解到社會是被建構出來的，因此有許多主流的價值觀以及常規是可以被挑戰的。

進入台大社會系就讀後，陳柏屼因此利用「台大學生」的身分倡議以及挑戰社會常規。他曾在ＢＢＳ上發文公告宿舍發送免費潤滑液而遭校方刪除文章，當時「台大學生」的光環因此提供「潤滑液事件」相當多的媒體版面並引起了與「性」相關的討論，校內的各個科系以及異議性社團也開始針對潤滑液事件進行討論，陳柏屼藉此熱潮競選生治會長，與學校協商，在辦公室門口提供保險套及潤滑液。除此之外，他協助學生會長候選人傅偉哲操盤競選，而傅偉哲則在當選後，推動了許多性別相關的活動，舉例而言，「杜鵑的」（Doing Gender）週透過辦理書展、講座以及情趣用品展等活動在校園推動身體與情慾自主，這也成為陳柏屼接觸情趣用品的開端。

無論是潤滑液事件以及在台大推動性別議題的經驗，都讓陳柏屼意識到日常生活中很多情慾的腳本受到異性戀男性主導，他因此開始試圖用同志身分書寫情趣用品的故事，提供不同情慾腳本。畢業後，陳柏屼離開校園去當兵，開始思考自己的生涯規劃，他想起了就讀社會學系期間的一位學姊對他說過的話：「如果我們的眼光可以穿透這個社會，我們可以不用去跟別人競爭那些已經挖好的坑，而是可以創造出自己適合的坑。」因此當完兵後，他決定以情慾部落客為業，投注更多心力經營部落格。

## 將潤男經營成「品牌」

部落客的工作內容並非若一般人想像的僅止於寫文章以及專欄而已，身為部落客，陳柏屼必須將自己視為一個「品牌」，並且經營自己的社群。除此之外，隨著對於情趣用品越來越熟悉，陳柏屼開始自己進貨以及開賣場，他幾乎每年都會赴海外參加成人展，直接與當地的廠商談生意。他指出，社會學的訓練讓他可以辨識台灣以及其他國家的社會脈絡有何差異，因此讓他更清楚國外的產品如何接軌台灣或是哪些產品更容易進入台灣市場。他舉例，美國與日本的情趣文化差異甚鉅，日本的情趣玩具強調精緻化，且包裝多以動漫畫風格為主，相較之下，美國的情趣玩具則強調「低價，然後要（尺寸）大」，且習慣以真人的形象進行包裝。而台灣的情慾文化深受日本影響，在這樣的脈絡下，台灣的消費者也比較習慣精緻的包裝，因此即使產品不錯，包裝及質感亦為評估它們是否能進入亞洲市場或是需要如何進行在地化工程的依據。

與此同時，開始自己進貨以及開設賣場後，陳柏屼才開始注意到許多大學時期從未接觸到的技能其實相當重要。例如貨運條件其實有分很多種、與廠商談判時的鋩角（mê-kak），甚至連「倉儲」都是一門學問。上述知識以及技能都是他藉由自學以及報名政府開設的課程而習得的，「以前都會嘲笑商學院，上課為什麼要穿西裝之類的，現在才後悔為什麼沒有多去修一點他們的課。」陳柏屼打趣道。

另一方面，社會學的訓練也幫助陳柏屼較其他人更能察覺到社會中的新發展，也讓他保持著開放的態度，不排斥去嘗試新的事物，甚至讓他去刺激及挑戰自己的身體邊界以及心理邊界。他以大麻為例，分享近兩年內歐洲的情趣用品展已經有越來越多大麻相關的產品，醫療社會學指出「毒／藥」的區分亦為社會所建構，因此他並不會因為大麻是「毒品」而排斥接觸相關產品以及議題，甚至自海外引進大麻潤滑液銷售。

## 透過 Podcast 接住與自己類似的人

近幾年來，隨著情色資源的開放，情色相關產業的競爭越來越激烈，越來越多「年輕的肉體」透過圖片以及影片等形式獲取流量，柏屼深覺文字已經難以吸引到觀眾。與此同時，中國以聲音作為資訊傳遞媒介的「音頻」特別受歡迎，且在公共場合中，「聲音」的Podcast相較於圖片或是影片提供了聽眾一個不會被窺視的私人空間，格外適合與「性」和「情慾」相關的題材。另一方面，陳柏屼的成長經驗讓他希望年輕的同志以及酷兒不要再經歷與他相同的痛苦，因此他決定回到酷兒以及邊緣者的社群，訪談各式各樣的人對於「性」的經驗。陳柏屼說，林國明教授討論「台灣健保」的博士論文其實講的是整個台灣的經濟、結構以及文化，那麼，「性」也是一樣的，透過討論性，可以一窺許多鉅觀的結構性議題。而透過訪談，有助於讓聽眾接觸到不同的生命故事，讓他們意識到世界很大、自己並非孤單的，讓在社會角落的人得到共鳴以及陪伴。

另一方面，陳柏屼指出，會開始做Podcast，除了受到市場以及理念的影響，也與社會學的訓練有關。社會學的視野讓柏屼有能力發現「機會來了」，他指出，社會系學生會比很多科系的人更容易判斷出社會條件以及社會動向為何，看見鉅觀的社會樣貌，因此他也大概知道什麼事情可以做、或是什麼時間應該做。不僅如此，雖然學術訪談以及節目訪談仍有所差異，但社會學研究方法的質性訓練仍幫助陳柏屼知道如何承接話題、讓受訪者想得更多以及掌握對話節奏以及氛圍，同時也讓他更有挖掘受訪者的敏感度以及知道什麼樣的受訪者適合談什麼樣的主題。

「大概在國中意識到自己是同志時，我就很想改變社會，希望小gay、小LGBT們可以不用再面對跟我一樣的事情。」社會學不僅讓陳柏屼找到「救贖」，幫助他了解到年輕時因男同志身分而感受到的痛苦是因為「這個社會有問題」，更使他擁有穿透社會的眼光並「創造出自己適合的坑」，以情色部落客、Podcaster為業。更重要的是，「社會學算是提供了我武器吧！」陳柏屼說，社會學使他挑戰主流價值、嘗試新的事物，並藉此「改變社會」，實踐他對於酷兒、邊緣者社群的關懷，幫助徬徨於社會角落的人們：「這個社會很大，你並不孤單。」

（本文採訪於二〇二〇年九月）

# 將社會學跟音樂都刻進身體裡
# 大象體操貝斯手張凱婷

#大象體操 #樂團貝斯手 #價值釐清 #個人信念

撰文／嚴子晴

推開隱藏在不起眼的小巷子中的一棟公寓鐵門，依照指示爬上頂樓。「辛苦了！」一到目的地張凱婷便和善地打招呼，穿著一身黑色洋裝，坐在桌子前等待採訪的模樣顯得很沉靜靦腆，一時之間難以想像平時在各大音樂祭的舞台上豪邁的跟台下觀眾互相勸酒、演奏時盡情甩動身體享受舞台的他是同一個人。坐定後正準備開始訪談，卻看到張凱婷露出俏皮的笑「等一下！先陪我抽根菸」，訪談的過程中總是條理清晰的回答問題，講完後又會突然冒出幾句髒話或是讓人哭笑不得的評論，此刻的他才慢慢地跟舞台上身影連結起來，這就是以台灣數字搖滾樂團之姿走向國際——大象體操貝斯手張凱婷的多種魅力，如同樂團本身也常常帶給樂迷意想不到的驚喜那般。

## 當社會學參與到創作的過程

大象體操創辦於二〇一二年，來自高雄的他們跟一般的樂團不同，選擇以貝斯為主要領導旋律的樂器。張凱婷除了是樂團的貝斯手，同時也是台大社會系系友。回憶起當初為什麼會選擇念社會系，原本在日文系、政治系跟社會系之間抉擇的張凱婷說，因為中產階級的家庭環境，父母給他的觀念是並沒有把大學跟職業訓練所畫上等號，而社會系沒有明確對應出路的特性，在他眼中反而變成可以盡情探索未來職涯可能性的優勢。再加上面試時教授的問題「很赤裸，但很真實」，讓他思考過去生長背景的階級位置、城鄉差距等外在環境因素，對他的人生歷程造成什麼樣的影響，接觸到「在社會的基礎下分析大家的行動」這樣的思考方式讓他對社會學產生興趣。

以數字搖滾為人熟知的大象體操，作品比起一般的搖滾樂更著重實驗性，一首歌之中會不停轉換拍子和節奏，通常只會有寥寥數句歌詞，保留給旋律更多發揮的空間。對張凱婷來說，社會學最吸引他的地方就在於可以用精準的詞彙描繪社會現象，而大象體操專輯或歌曲的概念發想、命名或是寫詞的過程其實也很類似，在音樂構築出的廣袤世界中，盡可能選擇一個最精準的詞語去收束，讓他們的作品可以保有音符不同於語言那般有諸多限制、可以盡情聯想的特性，又更好的讓聽眾接受到他們想傳達的意象。

大學時期最讓張凱婷印象深刻的是劉華真老師的「發展社會學」，解答他長久以來的困惑：為什麼人類總是要永無止境的追求進步？這堂課讓他知道現代人苦苦追求的經濟發展並不是理所當然的事情，而是對環境生態、資源分配、生產消費、人類的遷移等多種面向都會帶來巨大的衝擊，是一個必須被仔細檢視的議題，但是在「發展至上」的觀念中，卻只會認為發展就是進步、優越的象徵。話鋒一轉，張凱婷提到了最近大象體操的新嘗試，跟劇團「莎士比亞的妹妹們」合作的跨界演出——《物種大樂團》就很適合發展社會學的觀念去理解。它的核心概念就是重新思考達爾文的「物種起源」，書中強調生物的演化軌跡是隨機、沒有方向性的，卻被後世的人冠上「進化」的名號，標示出好壞優劣的區分，定義何謂好的發展方向。其實在達爾文的眼裡，存活下來的並非就是最好的，就如同被經濟成長主導的發展思維帶來的一切也並非就是最值得追求的。帶著這樣的反省，他寫下了「敬啟者」這首歌，希望重新檢視人類與土地、生物，乃至於整個地球的關係。

在大象體操專輯概念中，也可以不時地看見社會學的影子。《平衡》想談的不只是團員之間互相協調的過程，也是在談多元的社會中不同的價值要如何共存；《角度》要訴說的是看待一件事情從不同的角度切入，才可以貼近事件的真實面貌；最近的一張專輯《水底》是回到高雄後的作品，想要傳達的是雖然待在高雄資源較不豐富、跟原本的朋友圈以及人脈斷掉連結，就像是待在水底。但是這不意味著這樣不好，他們反而有機會去享受水底的沉靜以及在水面下的生存之道。對於衝突、脈絡、資源不平等的關切，社會學的思考方式已經深深烙印在他的腦海中，並且透過音樂創作表達出來。

## 音樂跟社會倡議的距離

延續著想要了解社會的熱情，張凱婷時常在個人的社群頁面轉發時事新聞，但是大象體操本身並不是常常進行政治表態或是參與議題性音樂表演的樂團，這是多次與團員協商過後的共識，也是團員各自思索過後認為最「誠實」的作法。張凱婷舉了他很喜歡的日本音樂人坂本龍一當作例子，坂本龍一反對核能的堅定立場，是源於經歷過福島核災以及罹患癌症的生命經驗。一個人或一個樂團不可能對於社會發生的所有事情都有所觸動，他覺得像坂本龍一那樣選擇投入反核，是因為對個人生命經驗真誠反思過的決定才是比較適當的。如果對於某些議題的了解不深甚至不感興趣，只是為了政治正確就貿然表態的話，是對台下觀眾乃至於議題支持者的欺騙，也不能真正幫助到這些議題。

儘管不會隨意就自己不了解的議題發言，但是在關注的議題上，張凱婷總是會想要努力透過行動創造改變。於是實際體會過高雄跟台北資源差距的他，和哥哥一起在高雄創辦鼓勵高中生創作音樂的營隊——淺動音樂文藝營，從二〇一一年持續至今已經快要十年。有別於一般的營隊大部分都位在台北，無形中讓居住在中南部城市的學生增添參加的成本，在高雄創辦的營隊讓當地的學生有更多機會可以接觸到新的資源與刺激，近年也陸續開始有一批音樂產業中的新生代投入者會標榜自己是「從淺動出來的」。

透過社會學的眼光，張凱婷知道制度性的微小缺失作用在個體上，結果會是不成比例的分配不均，所以當他受邀擔任文化部創作樂團的錄音補助評審時，留意到包含他在內沒有任何一位熟悉金屬曲風的評審，便努力惡補相關的知識，讓金屬曲風的樂團也可以受到公平對待，不要讓制度產生的排擠效應，使得台灣已經資源不豐的音樂產業發展更不均衡。像這樣可以實際看見自己在關注的議題上能夠發揮的幫助，對張凱婷來說是更有意義的。

## 音樂路上，社會學是一種信念

大象體操一路走來，就如同他們的名稱，像一隻大象一樣腳步緩慢而穩定地往目標前進。但是身為其中的女性樂手，張凱婷卻遭受過不少質疑，被認為是因為亮眼的長相而不是實力才獲得成功。不過有了社會學的幫助，他知道這些質疑的聲音是父權社會底下對女性的幽微厭棄，可以比別人少掉一些自我懷疑的過程，也讓他可以更好的跟別人訴說這些女性在社會中遭受到的無以名狀的難題。張凱婷說只要他能夠繼續站穩腳步，他的存在本身就可以鼓勵之後想要投身這個行業的女性樂手。他們選擇回到資源比較不足的高雄也是相似的理由，透過讓劇組配合他們到高雄拍攝，或是一再提醒活動主辦方邀約時要考量交通成本等小小的舉動，讓待在高雄本身就可以是一個慢慢撼動音樂產業總是以台北為中心思考的過程。

「其實我一直很想去念社會學研究所，我哥聽到還很驚訝的說怎麼不是念行銷相關的，對樂團比較有用啊。」在訪談的過程中，提到樂團的規劃，採用什麼策略來面對市場的瞬息萬變，張凱婷說社會學對他最大的影響是變得不在乎錢，而是理念先行，一有靈感就想要馬上創作下一張專輯或是錄製ＭＶ，比較務實的哥哥就會幫他踩煞車，從成本跟利潤的面向一步步仔細規劃。講到一半時張凱婷突然略為無奈的問：「這樣聽起來是不是很不社會學？」但是隨後他又補充「與其說社會學對我有沒有幫助，不如說它改變了我每一刻的思考，我覺得這就是一種信念，不用一直去想說我現在就是要應用社會學」其實從訪談的過程中處處可以見到社會學的訓練對張凱婷的影響，雖然不是反映在樂團的專輯銷量、演唱會的人數等具體的數字，但是社會學的賦權效果可以幫助他面對質疑，也幫助他更釐清許多價值層面的判斷，「社會學已經變成我思考的方式了，只要不背叛這件事情就好。」

（本文採訪於二〇二〇年十月）

# 手握社會學的方法

# 用學術研究的邏輯做設計服裝設計師莊承華

撰文／林育葳

＃服裝設計師　＃跨領域結合　＃產業結構

坐在咖啡廳的二樓，約定好的時間將至，聽見踩著樓梯的清脆聲響，來人修長而幹練的洋裝，展現出他優雅的氣質與獨到的品味。他是莊承華，自台大社會學系畢業後即赴米蘭學習服裝設計，曾任職於義大利流行品牌 Fendi，後來在因緣際會下回到台灣成立個人品牌，現在則在同為本土品牌的 JAMEI CHEN 擔任服裝設計師。

## 從小就喜歡設計，大學卻讀社會系

莊承華從小就喜歡畫畫，他打趣地說道，自己連上課時都很愛偷偷地在課本上塗鴉，他尤其喜歡畫人物和衣服，甚至會搜集各種民族服飾的細節，並把搜集到的素材應用於自己的繪畫中，或是創造出新的元素。到了國高中，莊承華漸漸開始會主動去看國外的服裝秀雜誌並挖掘讓自己覺得新奇的服裝創作，因此越來越明確地意識到自己對於服裝設計感興趣。

儘管從小即展現對於服裝設計的熱情，但當莊承華與家人討論到自己想念服裝設計時，來自全員幾乎皆畢業於台大的家庭的他面臨到「非台大不可」的壓力，然而台大並沒有服裝設計相關科系。不過莊承華自小便常常聽畢業於台大社會系的父親介紹社會學，他也認為自己對於人文、歷史及心理等領域都相當有興趣，因此他選擇就讀社會學系，也向父母約定等到畢業後就要赴國外學習服裝設計。

進到社會系後，莊承華發現社會學簡直「投其所好」。他是一個充滿好奇心的人，社會學正好可以被應用於很多不同的領域，讓他深入觀察以及思考日常生活中隨處可見的事物被建構的過程以及歷史脈絡。舉例而言，國高中就喜歡看流行雜誌以及逛街的他就曾經以「流行雜誌與路邊攤」為題進行研究。他觀察到，世界各大品牌的時裝秀的內容在被刊登至國際第一手、最高層級的雜誌時，便會受到第一次的挑選以及評論，接下來一些次級的雜誌會再將第一手雜誌的內容統整及轉譯為更貼近大眾的內容，而一些身處於「時尚雜誌產業鍊末端」、以小資女為主要受眾的雜誌雖然已經看似與大型服裝秀沒有那麼緊密的關聯，卻其實深受時裝秀以及高級國際雜誌影響。因此，雖然有些人未必有閱讀時裝雜誌，然而穿衣風格與品味其實潛移默化地受到了國際大品牌影響。透過社會學的分析視角，莊承華得以釐清時尚產業的運作邏輯，許多人聽聞莊承華的社會學背景或許會感到疑惑，然而，社會學與服裝設計的距離或許不若他們所想像的這麼遙遠。

## 用研究的邏輯做設計

由於在考大學前就已經跟家人溝通過畢業後要念服裝設計，莊承華於大三、大四時便已經開始在外修習打版的課，畢業後便至義大利求學，在修習完專業課程後即順利申請上當地的研究所。莊承華所就讀的米蘭 Istituto Marangoni 設計學院相當注重與業界接軌，因此有許多建教合作的案子。當時以全年級第一名的成績畢業的他也因此被邀請至其中一家與學校合作的設計品牌實習，然而喜歡古典優雅卻具創新元素的莊承華在實習的過程中意識到自己與那間公司「休閒」的風格差異甚鉅，因此實習結束後，莊承華即向風格兼具優雅與創新的 Fendi 設計部投履歷，並順利地受到錄取。

服裝設計師的工作內容不僅止於畫設計圖，他們還需要負責參與衣服實體化的過程。例如他們必須與打版師以及樣師溝通，需要配布料以及監督成品的試穿以及修改。莊承華指出，其實做學術研究的邏輯與設計很像。他分享，大四時，他曾經與幾位同學向當時剛從義大利回台的設計師周裕穎學設計。當他畫出自己人生中第一組系列設計時，周裕穎指點他某個細節可以如何調整，並向他說：「這樣會很酷。」莊承華激動地說，當時他頓覺醍醐灌頂：「原來服裝設計還有『很酷』這個維度存在！」這時他才了解，服裝設計不只是追求「美」而已。他以學術研究比喻，研究者進行文獻回顧，便是想指出過去的研究可能有什麼限制、還沒有回答到的問題，服裝設計亦然，服裝設計師想要追求的正是過去的人從沒有想過的創新觀點以及元素。

不僅如此，架構服裝設計也與架構學術研究相似。莊承華繼續以文獻回顧進行說明：社會學研究在選定研究主題後，研究者會回顧大量文獻，以為研究領域提供貢獻、提出新的觀點為目標。服裝設計則是在選定一個主題後，開始大量搜尋圖像資料——不只是設計，也會參考電影、雕塑等藝術品。決定切入的方向後，設計師會開始統整資料，歸納整理出脈絡和架構，並在不同的架構中發展不同的細節。如此一來，同個系列的作品可以在一個大主題中又各有不同的小細節，便可以在具整體系列感的同時又玩出不同花樣。得力於社會學研究方法的訓練，莊承華在蒐集統整資料以及架構系列時，往往能夠較其他同儕顯得駕輕就熟。

## 在時尚產業中的不同位置立足，回望社會學

儘管在 Fendi 工作一年後多正覺工作起來越來越得心應手，且漸與同事培養出了彷彿家人的感情，莊承華卻突然遇到了讓他不得不回到台灣的瓶頸。二〇〇九年歐債危機發生，歐洲各國陷入財政困境，義大利也受到嚴重的波及，政府垮台。臨時政府為了挽救失業率，凍結外國勞工的居留證，莊承華因此無法與公司續約，即使公司的主管拚命地為他東奔西走，卻仍未能成功申請到居留證，主管只好建議他先暫時調回台灣做視覺陳列。雖然莊承華認為自己因禍得福，學到很多新的領域的知識，然而他在工作一年多後意外得知過去設計部的主管在某次 Fendi 公司高層的人事異動時已經被調到其他公司，眼看已經很難再回到義大利工作，莊承華便決定留在台灣找服裝設計師的工作。

當時，莊承華在男友的鼓勵下去報名了新銳設計師的比賽，不僅獲得冠軍，更受到裕隆集團開設的精品概念店 InDesign 總經理溫筱鴻的相中。溫筱鴻總經理告訴他，裕隆集團董事長嚴凱泰一直很希望台灣做出自己的服裝品牌，也持續投入很多資源扶持台灣的服裝設計產業。他們過去曾經經營精品概念店，並引進幾位本土服裝設計師的作品，然而他們發現把資源投注於多位設計師上其實不僅難以幫助到特定設計師，也難以做出規模。因此，他們決定與莊承華合作，為他出資，建立他的個人品牌。然而，在經營個人品牌的期間，莊承華需要進行發代工、找櫃點、管

理銷售人員以及行銷等營運事務，讓他反而很難抽出時間從事服裝設計，常常等到深夜大家都下班後才有時間做設計。因此有了小孩後，莊承華決定休息一段時間，暫停自己的品牌的營運，改至其他服裝設計公司服務。

從小就對服裝設計擁有強烈興趣的莊承華，在大學時所就讀的社會學系看似與服裝設計八竿子打不著，卻讓他在設計時得心應手。莊承華甚至說，自己對於社會學研究真的相當感興趣，他其實對自己有個期許——等到未來自己年紀漸長後，希望可以帶著於服裝設計領域的見聞回到社會學領域進行研究，提供社會學跨領域交流的機會，在帶給設計領域許多「很酷」的設計後，再回到社會學領域帶給研究者們獨特創新的觀點。

（本文採訪於二〇二一年三月）

# 種一棵大樹重建荒蕪的「地方」
## 老寮青旅創辦人邱星崴

# 老寮青旅 # 結構分析 # 地方創生

撰文／李秉純

相約慕哲，一進門就看到邱星崴熟稔地與店員暢談議題，也豪爽地招呼說要請喝茶，不難想像他在田野中能和各種人群聊得深入。

「社會學對我而言是一種無用之用，它是一個屠龍之技。龍在哪裡？別人可以殺牛做牛排、殺雞做雞排，你殺龍幹嘛？沒有龍排，可是有龍，反送中是龍、婚姻平權是龍，你怎麼處理這條龍？問題就是有沒有意識到你有屠龍刀，你不可能拿屠龍刀來殺雞排，意識到這點就不用慌。」

坐在匯聚社會議題與社運能量的重要據點，邱星崴談他如何持這把屠龍刀解構地方的問題並重建家鄉的美好。

## 劈斬地方新路——善用社會學的屠龍刀

邱星崴出生苗栗南庄，留著農村的血液，長大後漸往都市求學而對母土感到陌生，直到大學修習清代台灣開發史、物質文化研究的課程，才開啟他重回南庄探尋故鄉事的契機。邱星崴認為，面對複雜的議題，社會學是很好的分析工具，而他從大學念社會系時便一直透過社會實踐打磨著這把屠龍刀，投入農再條例的運動、回鄉演講訪調，這些學思過程也是他重回家鄉的路徑。研究所畢業後，他回到家鄉成立大南埔農村辦公室、老寮青旅、販賣在地農產品與加工品的Valai農創店，在社會學訓練下，剖析在地議題的複雜性、開發適用的企業模式，試圖振興各級產業，開展南庄未來發展的新路。

作為邱星崴返鄉經營的根基，老寮青旅蘊含的能量遠超過一間旅店。老寮會不定期舉辦藝文公民講座以激發地方對社會議題的參與，曾邀請史明來演講、在二二八時舉辦南庄白色恐怖導覽、於反送中期間發起青旅挺香港的活動；此外，也會規劃苗栗在地的深度旅遊及文化參與，例如：一日攀登加里山、夜間賞螢、「打窯仔」客家控窯、賽夏族矮靈祭體驗與導覽等等，這些活動不同於一般的遊樂行程，總是有深入的自然環境或在地文史講解，讓來自不同地方的人能了解南庄豐富的生態與文化底蘊。

## 田野調查作為理解地方的心智地圖

創辦老寮與農創店為的是復興各級產業的連動，而這些活動與產品的推出並不簡單，背後都是奠基於邱星崴嚴謹的田野調查，以此為基礎推出扣合在地文化的深度旅遊以及乘載地方故事的商品。

「田調對我而言就是一個心智地圖吧！你要知道你現在走到哪裡、知道未來會發生什麼事情，才能走下去。」他以醫生開刀前需要解剖圖做指引為喻，對於地方的肌理有了深入的掌握後，才能一針見血地提出對的解方，並循著畫設好的步路，一次次往前推進。

「文化在它的現場才是活的，抓到別的地方就是活魚變成冷凍魚，雖然是新鮮的但終究會慢慢死掉。」以客家山歌文化的復興為例，他爬梳出山歌的歷史是來自於舊時的茶產業，採茶時人們會在兩個山頭對唱，歌曲是即興的，歌詞描繪活動當下的環境山水，因此，單單請山歌老師在教室中教唱是無法達成真正的山歌復興，山歌復興應該要先從茶產業復興著手。田野調查讓他了解在地運行的機制，「透過田野調查，才能夠回答很基本的三段論，地方是什麼？發生什麼事？所以可以怎麼做？」

行政院宣示二〇一九年為台灣地方創生元年，由上而下的制度吹起地方創生風潮，然而，邱星崴認為這陣風潮下，很多工作者因為缺乏對於在地深度的理解，因此停留在表層的行動，沒有因應地方的歷史與文化脈絡做調整，所有人流於相同的模式——彩繪牆壁、課後輔導、科技導入四處可見，成效卻也相對表淺。

當各地都面臨人口流失、只剩下老人小孩留守，普遍困境被施以萬用解方，邱星崴面對這樣的「阿斯匹靈現象」，則是以社會學釐清地方問題的真正根源才進一步對症下藥。邱星崴也提到社會學的歷史轉向使他更關注「歷史的縱深」，對時間的變化較為敏銳、得以拉長觀察尺度來解構議題。

「大家一窩蜂投入地方創生，我可以退幾步去想，為什麼是地方創生？為什麼是這個時候做地方創生？」他看清地方政策的改變背後涉及的邏輯，定位台灣所處的歷史階段，思考如何延續著歷史脈絡找出台灣的創生方法，而非停留在抄襲國外政策。對他來說，台灣要做的事情更貼近於「地方重建」，以回應長期的城鄉剝奪，並以「把地方的小孩還給地方」為目標。

## 透過理論與實作種樹

邱星崴確實將書本上的社會學視角與研究方法落實於工作中，從理論觀點他精闢看見地方的問題，如：有人長期耕耘青少年陪讀，他肯定這樣的付出，但也擔心沒有結構性地分析青少年問題、從源頭解決，則長久以來，這些青少年只會不斷湧現，消耗更多的人力；另外，南庄開始拓墾的時間是十九世紀晚期，比起台灣其他地方來說相當晚，來不及滋養大家族的形成，且當地擁有的資源多是樟腦、煤礦等戰略物資，因此受到國家高度介入控制，幾度剿滅地方精英，以上種種皆導致南庄在當代無法像其他地方一樣，擁有許多先行者及其開拓出來的空間。

但從學院回到地方後，他也檢討自己採取概念分析、議題倡議這類NGO式的作法，成果難有明顯的累積，議題會變得分散，面臨地方結構條件未解決的狀況下，翻轉性的改變仍過於遙遠。尤其，他發現以倡議的模式在地方開展行動是不可能的事，「我覺得坐下來說理真的是讀書人的壞習慣，一言不合就比讀書、就吊書袋。在地方大家就是坐下來閒聊，沒有人在跟你講那些東西。」在地方，人與人之間的關係與情感是推動事務的基礎，實際把事情做出成績、一邊做一邊互相了解，才是可行的模式。而邱星崴想做的便是在這「荒蕪」的家鄉匯集關鍵行動者開始耕耘、一起種一棵大樹，從結構改變到一線推動都有綿密的織網承接。

不僅在倡議上自我檢討，實際投入老寮後，邱星崴也更看清楚自己於經營模式的優勢以及缺乏。他坦言，雖然自己善於分析，但握有社會學這套心法卻缺乏招式則難以觸及他人。創業初期，研發旅遊行程、建立產品的故事等前端議題分析是邱星崴得心應手的工作，但日行性地行銷分析、廣告發想則並非他的興趣與專長。邱星崴意識到自己還是習慣以社會運動的處事方式在經營組織，「因為社運的節奏和狀況是隨時在變，不會有什麼是重複或一樣的，就要一直見招拆招。」因此，他認為匯集擁有不同專長的人組成團隊推動議題是很重要的，大家各司其職便會累積出驚人資源與能量。「理論不是唯一也不是最優位的事情，理論讀很好的人不一定能打啊！」

對邱星崴而言，結構性的分析與一線實作皆不可偏廢；而知道自己握有社會學理論的屠龍刀，也不應就此產生優位心態。認知到現代議題的複雜性是需要跨學科解決，進而思索如何與其他人共作，才能使手中的屠龍刀有發揮的戰場。

## 與一起生活的人實踐日常現場的民主

「民主的意義像托克維爾講的，民主的真相是包容，不是爭理辯論，不是我講給你聽。」回鄉拚搏十年，邱星崴理解到地方缺乏的是日常生活中的結社。他同意漢娜鄂蘭提倡重視對於差異的包容，「可是為什麼我們要包容彼此？就因為我們是生活裡常常見面的人。」對邱星崴而言，一起生活的人才是民主能夠深化的基礎。他侃侃而談自己未來的規劃，想要開發一套工具，透過時間的對比找出地方轉變的軌跡、判斷之後發展的走向；想要以合作社的方式匯聚地方的人力與資源，擺脫英雄主義青年返鄉的神話，發展外部連結，捨棄由上而下的「捲動」，成為在地力量匯積的平台，讓地方的人自己發展出想望的地方重建模式……邱星崴從老寮出發，而這裡不只是青旅，更是實踐日常現場民主的場域。

根基於社會學知識的點子在邱星崴腦中轉化為種子、與土地接壤，他堅定地種一棵地方的大樹，仰賴土地的養分生長、也帶動養分回到土地；在前無古人的所在，為來者庇蔭滋潤，扶助一棵棵小樹苗以成繁茂森林。

（本文採訪於二〇二〇年九月）

# 用書籍搭起台法文化交流的橋樑
## 信鴿法國書店職員孫祥珊

#信鴿法國書店職員 #研究方法 #書籍採購

撰文／柯亮宇

「我可以打開我的筆電嗎？我做了一些筆記。」早上九點半，在高樓林立的交通樞紐，上班族們熙來攘往的咖啡廳裡，孫祥珊打開事先準備好的檔案，上頭是針對訪綱許多思考與準備。以誠懇而堅定的聲音，他細數著自己在書店任職八年半的工作經歷，以及自己對實體書店獨鍾的熱情。

孫祥珊高中畢業後從台南隻身北上，當時對社會系是什麼還一知半解。「當初選填科系的時候只有兩個要求，一個是想到台北去生活看看，第二個是念不用學微積分的科系。」就這樣誤打誤撞進入社會系的他，在修習第二外語時對法語逐漸產生興趣，除了系上的課程，也花很多時間在法語的學習上。他曾在大五那年申請到法國交換，回台後進入位於台北市伊通街，台灣唯一一家專售法文書的「信鴿法國書店」任職，這一待就是八年半。

## 公園旁的小書店，法文書籍在台灣的入口

要理解他的工作，必須先了解信鴿法國書店的定位，以及它對台法兩國的意義。這個書店由台大外文系的施蘭芳教授於一九九九年成立，本意是要打造一個服務法語學習者與在台法國人的書店，更作為促進兩國文化交流的場域。因此，除了一般書店會有的門市、財務、選書採購人員，此書店還多了負責接洽校園端，販售法語教材的業務工作，以及受法國在台協會等機構委託，或自主舉辦各式文化交流活動。而在書店任職長達八年半的孫祥珊，曾經做過門市統籌與校園業務，現在則是負責選書採購，並擔任活動企劃的統籌者。

以採購工作來說，孫祥珊每天都會收到許多法國出版社的新書目錄，他也會主動關注這些出版社的網路社群與書市排行，這些都是書店選書的資訊來源。他說，選書主要會依據台灣法文

閱讀人口的閱讀習慣，像是自法留學歸國的台灣人是書店的重要客群，則留學受歡迎的主修科目——藝術、文學、社會科學、廚藝、設計等主題就會是首選，因為他們回台後會持續有這些領域的法文書籍需求。另外，能切合台灣時事主題的書，孫祥珊也會加強關注，像是台灣這幾年同婚議題討論度很高，他們就進了不少法文的同志文學與相關社會議題的書籍。

由於書店小本經營，每次採購皆有預算限制，孫祥珊必須對書源資訊審慎評估，方能作成最終的採購書單。而法國的書籍銷售榜也同樣可能因為出版社的資源多寡而出現偏差，甚至埋沒了獨立出版社的好書，因此必須分析書評內容、讀者的評價，也要看看作者、策畫、評註者的重要性等等，這讓孫祥珊回想起當初修習系上賴曉黎老師的社會學理論課，老師要求他們針對讀本作參考文獻的「重要性評估」，利用資料庫、引用次數、重要的二手詮釋等來證明該文本的重要性，他認為對現在的採購評估有所幫助。同樣地，當孫祥珊要將書籍推薦給台灣讀者，為店裡的書籍撰寫介紹或內容摘要時，理論課堂對社會學名著進行書摘的紮實訓練就會派上用場。

然而選擇了相對來說「非本科系」的工作，孫祥珊坦承剛進書店時，是比較劣勢的。因為自己的同事都是法文系畢業，他們對法國的經典文學都有基本認識，但自己對這些文學的概念完全是零。「當門市店員時，每次遇到客人跟我詢問某個詩人或作家的作品，我都很害怕會被考倒。」但對文學的背景知識與領悟力的不足，在人文社會領域的書籍則反過頭來成為優勢，「因為習慣這樣子的文體，我在讀法文人文社會學的書籍時，就比較沒有障礙。」而他認為這可能就是其他同事會面臨的課題，就像他利用許多加班的夜晚，慢慢和那些文學經典混熟。

## 打開書店的門，也打開台法文化交流之窗

孫祥珊在書店的另一個重要的工作，則是負責活動籌辦與宣傳，而舉辦這些活動的意義，是法國語言與文化在台灣的推廣。他說道，「這個書店與其說對台灣重要，不如說它對法國更重要。」信鴿書店與法國在台協會、法國文化協會等駐台機構都有密切合作，像是受訪時正值台北國際書展的籌備期，在因應疫情取消之前，孫祥珊緊鑼密鼓地與法國在台協會及法國國際出版協會洽談書展「法國館」的籌劃事宜，討論從此次書展的主題及相應的選書，到書展攤位該如何擺設。而法國館每年都會邀請不同作家來參與座談，孫祥珊也要負責為座談的備書、進行活動事前宣傳等等。

當然，作為兩個國家、兩種文化的窗口，信鴿書店想做的不僅是單向的文化傳播，也希望將台灣文化透過語言的專業傳遞給法國的朋友。因此，書店定期會舉辦一些有關台灣文學的講座，「其實蠻多台灣文學、台灣詩人的作品現在都有翻譯成法文，那透過以法語進行的、談台灣文學或台灣歷史的講座，包含二二八事件、蔣經國或其他台灣歷史人物，來讓法國人更認識台灣。」

而作為「法國文化界了解台灣」的重要窗口，他也提到研究方法的訓練，對於他工作上的幫助。像是法國出版協會會定期委託各國的法語書店，彙整該國書市的近況，孫祥珊會參考台灣統計手冊、法國在台協會商務處提供的報告、各大出版集團的統計資料等等，在協會出版的電子報上撰寫文章，分享台灣疫情狀況對書市的衝擊，或大眾閱讀習慣的改變，「雖然文筆不一定會好，但是對這類文體的基本要求、嚴謹程度，研究法的基本訓練都會有所幫助。」

## 走進實體書店，跟平常不會遇到的書相遇

這個網路書店越來越盛行的時代，尤其在台灣，實體書店被視作一個夕陽產業，像是信鴿書店這樣的小型獨立書店更是越來越少見。但曾到法國書店實習的孫祥珊，從法國人對待書店的態度中，認知到實體書店之於讀者的重要性。實習的時候，他常常遇到客人走進店裡與店員閒話家常，詢問店員最近是否有什麼特別的、有趣的新書值得推薦，而店員也會詢問顧客針對上次買的書，有什麼樣的反饋。在這一來一往之間，不僅拉近了人與人的距離，更展現實體書店之於讀者，無可取代的特色。

「雖然網路購書，演算法會推薦給你許多與你興趣相近的書，但逛實體書店的體驗，可以讓你跟平常不會遇到的書相遇。」孫祥珊認知到實體書店終究有其無可取代的地位，而這樣的信念，

也讓他對這個工作始終保有熱誠。他舉例前幾天一位媽媽來到書店，想找一系列在網路上看到，討論打破性別刻板印象、對兒童建立性別觀念有所幫助的法文翻譯童書。但店裡剛好沒有那個系列，孫祥珊就藉機推薦這位媽媽一些比較新的、他覺得也很不錯的繪本。「雖然這位媽媽不懂法文，但我讀了裡頭一些故事給他聽，最後他也買下了那個繪本。」他認為這就是實體書店的魔力所在。

## 社會學視野的功夫，在於如何在日常中實踐

被問及社會學在他生活中留下什麼痕跡，孫祥珊認為所謂「社會學的視野」確實會讓他對社會議題有更多反思與洞見，但他更重視的，是怎麼將這個視野帶進日常生活當中。

他提到范雲老師在女性主義理論課堂上，要求他們針對課堂上提及的性別議題，嘗試與身邊的人討論。他回到台南老家，決定和媽媽聊聊女性主義理論對於家庭中性別角色、分工的看法，但他發現在交流的過程中，自己信仰的那套社會學視野，在遇到媽媽的傳統家庭價值體系，缺乏溝通的技藝與適當的媒介，其實不堪一擊。

「要對彼此的立場還有觀點都有更多的了解，用對方可以接收的方式，才有可能達到溝通的

效果和共識。」對孫祥珊而言，不論是工作中以書為相異文化之間的橋樑，還是日常生活中以身為相異價值之間的媒介，要持續做好一件單純卻不容易的事，誠懇而堅定都是最好的態度。

（本文採訪於二〇二一年一月）

# 用鏡頭說故事
# 導演林誼如

撰文／陳芸霹

＃導演　＃深度訪談　＃互動關係

被問及自己未來的規劃時，林誼如說：「（碩士畢業後）我一定會回台灣，我自己也想拍台灣的故事。」

林誼如是台大社會系的系友，因為喜歡拍電影、用鏡頭說故事，畢業後，他從劇組實習開始積累經驗與人脈，隨後拍攝了第一部劇情短片《踮腳尖》，這部作品不僅在國內外的影展播映，更入選了第六十九屆德國柏林影展的新世代兒童短片競賽單元。初次執導劇情片便獲得不錯的成績，但林誼如並不以此自滿，仍然選擇繼續精進自己。目前他正在捷克布拉格的FAMU攻讀導演碩士。

## 從社會系出發的探索：拍攝紀錄片

在高中時期，林誼如便對大眾傳播領域十分感興趣。高三選填志願時，他注意到有許多系友畢業後從事相關產業，因此選擇了社會系。儘管入學之後，他發現社會系所學與原先的想像有些落差，但社會系的課程仍讓他獲益匪淺。舉例來說，他大二時修習劉華真老師開設的發展社會學，在課堂上，老師運用了許多紀錄片作為教材，這顛覆了他以往對紀錄片的想像，也拓展了林誼如的眼界，讓他認知到紀錄片有非常多樣的呈現手法，並非只有《Discovery》頻道般的敘事模式。除此之外，林誼如和系上同學一同經歷與見證了當時的社會運動浪潮，包含三一八運動、苗栗大埔、士林王家等等，雖然他認為自己「沒有那麼勇敢到可以走到最前面」，但這些參與經驗都讓他看見社會的不同角落，也潛移默化地影響他看待事物的角度。

除了社會系的課程外，林誼如也到生傳系修課、申請傳播學程，透過各種機會與管道不斷嘗試紀錄片的拍攝，因此累積了豐富經驗。他曾參與紀錄片導演李惠仁在新聞所舉辦的「多媒體人才培訓班」，並與系上同學合拍了一部以系上學生團隊「傢傢久」在系館頂樓打造的都市農園為主題的紀錄片。林誼如也曾參加台灣女性影像學會舉辦的紀錄片工作坊，當時創作的短片《他們》中，記錄了一個單親家庭母女的故事。雖然大學時期的林誼如以拍攝紀錄片為主，但他發現選定紀錄片的主題需要一些「緣分」，遇到正好想拍、能傳達自己所思所想的主題並不容易，而他更希望能通過電影來傳達自己想說的故事、討論自己關注的議題，所以他決定轉往題材更自由的劇情片來發展。

## 《踮腳尖》：首度執導劇情短片

由於自己並非電影相關科系出身，在社會系畢業後，林誼如選擇考取電影系研究所，希望能學習電影創作。然而，這段過程並不順遂。起初他以台北藝術大學的研究所為目標，但他連續兩年都未能如願，公費留學則是考到第四年才考上。不過，林誼如在備考時，也有意識地通過兼職，持續累積自己的實務經驗。他先是在製作紀錄片的目宿媒體負責上版權、字幕等後期工作，後來則進入《通靈少女》等劇組的導演組，擔任實習生，場記、第二副導等都是他常在劇組中扮演的角色。除了累積相關產業的人脈外，這些經歷也成為他日後自己執導的養分。

因為清楚自己最終想完成的目標是「拍自己的電影」，所以林誼如並未滿足於單單進入相關產業，而是一邊工作、一邊創作自己的劇本，並四處尋覓獲得補助的機會。獲得補助後，他開始籌備《踮腳尖》的拍攝。林誼如這次想要訴說的故事也與家庭有關：一對十歲、七歲的姐弟，隱藏「母親離家」的秘密，試著維持如常的生活。作為一位自編自導的導演，林誼如在前期需要創作劇本，同時撰寫企劃書以獲得投資。完成劇本且籌措足夠資金後，就開始進入拍攝的前製階段，包含尋找合適的拍攝場景、演員和劇組其他工作人員，以及和工作人員確認拍攝細節等，當時他們為了徵選演員，甚至前往了七、八間學校，總共試鏡了五百多位學生。

進入拍攝階段後，林誼如指出，此時的導演必須專注於「和演員工作」，具體而言，便是和演員進行大量表演上的溝通，判斷這個表演或這個鏡頭是否可用。尤其《踮腳尖》的主要演員都是兒童，與演員培養互信的關係就變得更加重要，為此，林誼如在拍攝前與演員們相處的時間長達兩、三個月，正式拍攝前兩週也與他們一起住在家景中，陪伴他們熟悉拍攝環境。在拍攝完成後，導演就要開始處理剪接、調光等後期工作。在一部電影從無到有的過程中，都可以看見導演的身影，而林誼如認為導演若要導好一部戲，最關鍵也最花時間的工作便是溝通，也就是對工作人員及演員清楚傳達、闡釋自己的想法，「確認彼此在同一個頻率上」。

## 電影內、電影外，都有社會學

從《他們》到《踮腳尖》，林誼如的鏡頭下是一個個家庭的日常生活，「人、家庭與社會之間的關係」是他一直以來的關注焦點：除了個人生命經驗的影響外，社會學也讓他注意到個人與家庭、社會之間緊密、交織的關係——個人往往難以改變、跳脫出家庭與社會對個人造成的巨大影響，而他認為這種關係所產生出的許多矛盾和掙扎，正是電影所能夠發揮的空間。

到捷克讀書後，林誼如也察覺社會學或是其他人文科系所培養的視野、觀點，會深深的影響導演如何詮釋角色、建構角色的思考與行為模式，因為若是導演無法同理角色及設定背後的複雜脈絡，那些角色便會變得單薄。

林誼如在工作中也運用了過去社會研究方法課程中，所學的訪談、田野的技巧，讓自己在撰寫劇本或開拍前，能夠更理解特定身分背景的人如何行動、如何思考。例如他在創作《踮腳尖》時，便特別進入與兩位主角同齡的小學班級一同上課，在數天的田野調查中，觀察他們說話的方式、玩耍的內容，進而讓自己的劇本更貼近真實的情境。

此外，林誼如也敏銳地察覺到台灣的影視產業中存在高工時、性別不平等等問題。因為自己過去的超工時工作經驗，林誼如在執導《踮腳尖》時，更能同理工作人員，盡量避免工時過長。雖然大環境的改變道阻且長，但他認為能意識到這一點並保有批判的眼光仍然重要，因為越多人意識到問題，改變的可能性就越大。

從大學時期的不斷向外探索、拍攝紀錄片的嘗試，畢業後不氣餒地尋求進修的機會、累積相關經驗，再到《踮腳尖》的完成、出國攻讀導演碩士，這一路上林誼如始終堅持自己的夢想，並未停下前進的腳步，而社會學帶給他的看待世界的眼光，也讓他在用鏡頭說故事時，會注意到劇情背後、角色之間更深層的關係。創作電影的路雖然險阻且辛苦，但面對著未知的未來，林誼如仍然堅定地說：「能走多遠、能拍多少都不確定，只要有機會就會繼續拍下去。」

（本文訪談於二〇二一年七月）

# 人資不是資方的代言人，而是勞資溝通的橋樑
## 人資副理劉珮琪

#人資副理 #資料蒐集 #勞資中間人

撰文／賴亨利

週六的新竹高鐵站人潮、車潮川流不息，似乎象徵著全台最年輕城市的活力。這時，劉珮琪在往來不息的人潮中招手，說：「抱歉！久等了！路上的車有點多。」隨後待人入位、抹茶拿鐵上桌，為這次的訪談揭開了序幕。

劉珮琪從社會系畢業後於職場任職數年，又重返校園於中央人資所進修，現為上市科技公司

人力資源處的副理。當初聽到本次的計畫內容後，便二話不說於百忙中抽空受訪。劉珮琪提及：「我覺得你們做這件事情非常好，讓社會學能被給更多人看見。」對他而言，社會系提供了他探索未來的資源與能力，逐步在其中看見自己對於人力資源的興趣，造就了珮琪目前的工作樣態與生活。

## 從社會系轉向人資所

大學畢業之際，相較於許多同儕有著明確志向，劉珮琪坦言當時對於未來的出路方向並未那麼明確。在父母的建議下原考慮考取公職，但在接觸後發現並非興趣所在，因而決定先投身職場、累積實務經驗。面對眾多職業領域，他想起「人力資源管理」與社會科學出身的背景相對親近，且在大學修習柯志哲老師所開設的「工作與勞動市場」課程，了解職場中的社會學，也涉略了人資管理面向的相關知識，因此決定選擇人資作為初入職場的發展領域。

在實際接觸人資實務工作後，劉珮琪看見人力資源管理更多的可能性，決定於工作四年後毅然選擇離職進入人資所就讀，深化對於人力資源管理的想像。念研究所前，對於人資的想像仍以所謂的「行政專家」為主，然而事實上人力資源並不僅限於行政面向相關，如日常招募邀約、面談安排、人員進出或每月薪資計算等，更涵蓋了「策略面」的部分，包含像是分析現行勞動市場、公司市場的定位，了解企業人才的需求以利調整人資招募或薪酬相關策略，確保公司能快速回應外部動態變化等等。

研究所畢業重返職場，珮琪選擇專攻薪酬領域之人資管理。除了管理薪資計算、保險管理及考勤業務外，更負責薪酬政策訂定及相關薪酬數據分析，確保公司薪酬福利具備競爭力，並能有效吸引外部優秀人才及內部員工留任。

## 人資不是資方的代言人，而是勞資雙方溝通的橋樑

一般人對於人力資源管理單位的工作範疇往往一知半解，事實上它的業務內容橫跨了組織的各個層級面向。劉珮琪侃侃而談地舉出人資的各項領域，從人員招募錄用到新進的培訓、日常的績效管理與薪資核發、人員晉升管理到離職人員的安置等等，都屬於人資業務範圍，其所關心的對象不僅是主管或是員工，而是在乎公司內大多數的行動者。然而，他坦言許多人對於人資常會存在著一種刻板印象，基層員工往往認為人資向更高層級的資方靠攏，成為資方的代言人，使員工應獲得的報酬遠低於其勞動的價值。據劉珮琪長年任職的經驗而言，他認為這樣的想法並不正確。事實上，人資並非資方無情剝削勞方的工具，亦非「資方的代言人」，而是意見的傾聽者與中介者，人資可以從組織的高度和廣度，扮演主管與員工雙方溝通互動的橋梁，並以第三者的角

色，客觀地協助找出問題，使雙方互相信賴、取得平衡。

以職場中常見的狀況「加班」為例，劉珮琪認為長期超時工作一來會導致員工無法獲得妥善的休息，進而影響其身心靈狀態；二來則是超時工作也會影響到員工與家庭、社會網絡的關係，使得家庭與交友關係逐漸惡化。這兩方面的負面影響又會再度回到員工身上，造成工作效能的低落或是公司人才的流失。而身為一個人資從業人員，除了應釐清超時工作的現象外，也須嘗試找出造成此現象的原因。以主管的管理層面來說，他說明：「有些主管可能認為『能者多勞』，把大多數的工作指派給有能力的人，但這樣的想法是不正確的。」以長遠的角度來看，這位績優員工可能會因受不了進而選擇離開組織，導致人才流失；而人資可做的事情，是協助釐清問題原因，例如有可能是因人力的不足才導致超時工作。這時人資應協助與主管溝通進行工作調整，或是建議增加人力以分擔工作。這些都是人資部門在看到公司既有現象後，嘗試進一步改善的行動。

然而，當專案的份量過大，加班成為必需的事實時，人資部門必須嚴謹把關主管是否確實讓員工合理申請加班費，以確保其付出能確實有所補償。劉珮琪說明部分主管認為自己是站在組織利益著想，不申報加班的費用，但劉珮琪認為這樣的做法不僅違反現行的法規，也在道義上剝奪了職員應有的回報，「我們要確保的是職員在做得開心、本身是負荷得了外，然後他有相對的付出，獲得一定程度、應有的回報。」劉珮琪如此補充。從此而觀，人資既非資方的代言人或是剝削勞方的工具，從日常行政、管理，而至梳理、發現現象的原因，進而到多方的溝通與改善都是人資部門作為公司內部溝通中重要角色的具體展現。

## 公司就是一個小社會：職場實用的社會學技法

公司就像一個小型的社會，而社會學的素養與訓練使劉珮琪能夠更有效理解這個小社會，並且在其中有所行動。雖然人力資源管理是別於社會學的一門專業領域，但是在實務操作之中，大學期間的社會學訓練也帶來一定的效用。日常的行政工作看似是制式、機械化的互動過程，行動者往往把彼此扁平化成勞方或是資方以理解，然而，社會學帶領珮琪看見行動者背後的結構脈絡，進而能夠同理員工，使互動更為人性化。面對員工績效不佳的狀況，劉珮琪認為不能僅以單一的「結果面」就評斷其個人能力不足，而須將其置入與主管的關係、工作性質或是公司的環境以進行理解。

除卻在日常的行政，劉珮琪運用他在社會系受到的訓練用來理解公司內的許多現象，從量化方法的抽樣、問卷發放、統計分析等到質化的半結構式訪談、處理訪談資料等，都是劉珮琪認為即使進入職場後也相當實用的重要技能。在蒐集資料、了解組織內的現象之後，人資重要的任務就是達成部門與部門之間的溝通。在這樣的過程中，劉珮琪認為「社會學理論」的課程訓練帶來相當的助益：「我覺得閱讀理論文獻那是另外一回事，但是可以從這些文本中串概念……」他認為這些過往的訓練對於邏輯思考非常有助益，能有條理地將想法呈現給他人，使溝通能更有效率及順暢。

社會學在實務層面上有一定的效益外，也潛移默化影響著劉珮琪對於事情的看法。他認為受到社會學的薰陶後，時常會反思日常生活的各種規定、現象，進而主動地發現身邊可能的問題。同時社會學也讓他拒絕直接、線性的歸因與判斷，而選擇嘗試刻劃、理解所面對現象的複雜性，這樣豐沛、深刻的思考與創見，亦能更有效地採取行動並解決問題。依他在職場多年的觀察而言，能持續不斷懷疑、反思，進而產生獨特想法與創見的思考模式，正是成為重要人才所具備的特質。

「雖然社會系畢業後從事的行業相對沒那麼明確，但我覺得這也是最大的好處，你不會被科系限制在特定方向上，反而能做出一些轉換，嘗試一些自己真正有興趣的領域。」在大學時期雖然劉珮琪並沒有發展出一個明確的志向或是理路，但也因此能夠在職場進行多方的嘗試，找出符合自己興趣的方向。縱使畢業了、進到相對「不那麼社會學」的領域，但是社會學的思考、方法與理論訓練卻是劉珮琪在職場互動、實踐中一項終身受用的重要利器。

（本文訪於二〇二一年四月）

# 在新聞工作中發現家鄉的美好
## 記者簡惠茹

採訪／李秉純，撰文／嚴子晴

#記者 #洞察社會 #地方與中央

平日晚間七點半的咖啡廳裡，簡惠茹大方地分享他的社會系經驗，時不時睜大眼睛推推眼鏡，歪頭思索，提到哪個有趣的回憶便爽快大笑。訪談到一半，簡惠茹的手機螢幕亮起，他突然打斷：「不好意思等我一下！」眼神專注且稍微嚴肅地開始打字、剪貼文字段落，最後拿出電腦，在視窗跳換間完成工作。

闔上螢幕後，問他是否在處理工作的事——畢竟已經是看似下班的時間——他笑笑說是，記者二十四小時都得盯著訊息，隨時都可能要寫新聞、上稿，一刻不得鬆懈。日報記者的工作追求即時性，訊息不得漏接，除了刊上紙本報紙的文章有每天的截稿期限，也要隨時接收消息、追查事實，以發行網路即時新聞。這是簡惠茹的日常，是與時間和真相賽跑的日日夜夜。

## 連結台灣社會：投身媒體的憧憬與信念

簡惠茹從小就對媒體工作有興趣，大學時曾經加入學生會新聞部，也成為台大校園刊物意識報社的第一屆記者。但其實他的第一份工作並不是新聞相關產業，反而是八竿子打不著的旅遊業。他當時懷著想要行銷台灣的使命感，希望讓更多人透過旅行認識家鄉的美好，所以透過社會學教的研究方法鑽研旅行產業的相關研究，製作產業發展檢討報告書，在面試時成功被錄取，該部門更是破例錄用既不是觀光產業科系也不是商管學院出身的員工。但是實際進入工作現場後發現做的事情跟他的預期不同，每天待在辦公室無法接觸人群，簡惠茹認為與台灣社會之間的距離一下子被拉得好遠。

對工作產生質疑的他，遇上二〇一四年的香港雨傘革命，簡惠茹親身飛去香港，感受社運現場的抗爭氛圍，更碰巧遇上在新聞界工作的學姊，種種機緣讓他決心要選擇跟台灣社會現場更接近的工作，用記者的身分探索腳下這塊土地，透過文字捕捉社會的脈動並且傳達給更多人。初心不變，但是簡惠茹對於自己的目標有更明確的想像。

從旅遊業到新聞業，簡惠茹一直都是以非本科系出身之姿在職場上闖蕩，但是課堂上學到的田野技巧、如何在訪談中問出關鍵問題的能力等，都帶給他很大的幫助。但是剛當記者時，他也還沒轉換好角色，一開始寫評論的特稿時，還曾引用某位社會學家的理論，被主管提醒不是在寫論文。為了調整自己的寫作習慣，怎麼把過去做報告時可以用幾萬字篇幅呈現的事件，壓縮成用四段話還是可以清晰有邏輯的傳達給閱聽人，簡惠茹下了很大的功夫去適應，從模仿寫作開始，把不同前輩寫過相似事件的新聞都翻出來認真鑽研，才慢慢學會如何寫新聞。

## 先當人，才當記者

中央線記者？訪談到一半突然聽見不太熟悉的名詞，簡惠茹解釋記者職責會再細分成不同的領域跟不同範圍，他曾經當過地方記者、中央部會記者、現在則是政治記者。

剛入行的他專職跑地方線新聞，曾經待過基隆、新竹與自己的家鄉宜蘭，「我也是當記者之後才知道，原來報紙會有一頁或一章是只有各地方縣市才看得到。」這一頁之差正是簡惠茹可以發揮的空間。他回到宜蘭擔任地方記者後，重新認識自己的家鄉，挖掘地方獨有的魅力外，更不斷追蹤宜蘭面臨的開發和環境問題。農舍爭議、青年返鄉、雪隧交通，都是他在宜蘭跑新聞時持續關心的議題。

後來轉換跑道擔任中央線記者的他，變成負責處理中央政府部會的新聞。然而一開始成為中央線記者時，他有很多的不適應，連跑新聞的方式都要調整，例如：原本待在地方時，如果強調專業會讓受訪者覺得有距離感、不好親近，所以他已經習慣以交朋友的方式跟受訪者建立連結，但是面對政府組織中的官員或專家學者時，強調專業感反而是需要的跑法。

除了訪談技巧的差異，簡惠茹要習慣的還有新聞報導的視角轉換。以前在宜蘭的時候常常是把農民們基層遇到的問題和故事傳達出去，但是現在就需要站在政策的角度，探討如何全面性的解決農民問題。不過他認為兩種新聞的存在都有其必要，待在中央固然較無法跟第一線農民接觸，但是政策方向如何修正改變，更是影響農民深遠。

新聞工作也曾讓簡惠茹感到煎熬。他提到擔任地方記者時，也要負責報導當地社會新聞，就算是半夜發生的火警也要第一時間趕去現場，常常要跟著跑去急診室，並且也曾跟社會大眾的批評一樣，不斷質疑自己為什麼要訪問家屬，但是當他遇到有家屬抓著他的手請他幫忙說話的時候，他這才知道是為了什麼。許多無力無助的民眾，可以透過他的筆、他的新聞去發聲，這些事故意外的當事人和家屬，也會需要說話的管道。此外，在對方同意的前提下，真正有血有肉的故事，更能喚起社會大眾對於檢討的要求。冷冰冰的死亡數字的新聞聲量很快就會消失，這些曾經活生生的血肉之軀的故事應該要有人可以記錄。當然，取得同意是最大前提，有些媒體可能為了趕時間，只好馬上把鏡頭對著家屬，這也是簡惠茹在面對社會新聞時，不斷提醒自己要避免的，「先當人，才當記者」，這也是他給自己的告誡。

## 社會學裡，普通的問題不是普通的問題

「現在的大學生都關心什麼樣的議題啊？」突然之間角色對調，他一臉認真地進行訪問。舉了性別、人權、環保等議題當作回覆，聽到這些回答，簡惠茹滿臉若有所思，坦言工作到現在最大的收穫就是看到社會真正的樣貌。他說學生時期會很簡單的做出批判，後來才發現事情不是像他想得這麼單一，像是在宜蘭報導過的農舍專題，他原本無法理解為什麼年長的農民因為農地變得更難買賣而氣憤，為什麼變成是青農在堅持守護農地，甚至出現世代之爭。直到深入了解議題，才知道各自立場如何形塑而成，農地對他們來說都是一樣珍貴。

簡惠茹發現空有批判其實無助於對話的促成，記者作為社會中不同行動者溝通的橋樑，建立在同理心的溝通，才能真正促成對話。有了這些深刻的反省之後，他常常拉著媽媽或路邊阿伯、阿婆聊天，想知道社會大眾最在意的問題有哪些。社會學讓他看見這些瑣碎日常背後涉及的可能

結構問題，而記者的身分讓他可以從實際發生的事件中，寫出每個因系統和結構發生問題時所造成的後果。

以前的簡惠茹也總是看不慣社會新聞發生時，媒體一股腦的報導各種犯人的資訊，把悲劇發生歸咎到個人，因此在有限的篇幅和緊湊的時間中，他仍會盡力去探討背後可能的發生脈絡，努力在既有的框架下撐開縫隙。

簡惠茹提起剛當記者時，曾經報導一個幾乎荒廢的小眷村，裡面僅剩下一位長者仍住在其中，即將面臨斷水斷電的處境。報導發出去後得到各界的資源投入，從地方政府到自來水公司、台電一起想辦法解決老人家的問題，讓他感受到就算是一篇小小篇幅的新聞，也可以發揮正面影響力。又例如政府部門已經成功立法的農業保險法，過去他在宜蘭跑新聞時看過許多農民遭遇災損求助無門，就曾寫專題和特稿評論農業保險的重要性，後續主跑農業路線時，也不斷請學者加以分析。

即使曾經歷倦怠期、曾被受訪者質疑專業、媒體工作者不被社會信任等種種困難，簡惠茹談起這些報導時，眼神裡依然有光。成為記者六年了，他還是希望透過新聞工作，可以讓他深入挖掘台灣更美好的一面。

（本文採訪於二〇二〇年九月）

# 「用身體」實踐社會學
# 未來子計畫創辦人許躍儒

撰文／賴亨利

＃未來子計畫　＃安親班老師　＃實務經驗　＃創新教育

週六下午兩點，對於家庭而言，必充滿了小孩的嬉戲、笑聲以及童言童語，是相對「有聲」的時間；然對於教者來說，則代表了一週吵鬧後片刻的寧靜。他手持著《拚教養》——那是社會系學生獨有的暗號，腳步聲層層爬上了階梯的彼端，一口花茶，幾分寒暄，劃破應當有的無聲，流瀉而出的並非小孩的喧鬧，而是一段故事，一個有關於教育與社會學的故事。

而那位說書人，正是許羅儒。做為一個安親班的老師，在周末時仍未忘記那些在未來子計畫內可愛的小怪獸。同時，身為一個社會系的學生，社會學的承諾與義務並未在畢業的那霎就煙消雲散，老師以及社會系的學生的身分仍深深的影響著他，讓他在教育現場有著不一樣的社會學關懷，也讓他實務經驗上對於社會學有不一樣的理解。

## 記者，老師，走向芸芸眾生

安親班老師並非許羅儒踏進職場後的第一個選擇，在攻讀研究所時，他便與他的第一份工作結下緣分。記者，一份將社會現象與事實化為文字，加以廣傳的工作，對於社會系的學生而言可說是相當適合，甚至是夢寐以求的。然而，許羅儒卻在擔任記者的工作上感覺到強烈的「不踏實感」。

在二〇〇八金融海嘯後，他受到雜誌社的委託進行社會企業（CSR）的調查，將各公司所寄發的資料進行排名。「可想而知的，那些大企業有比較多的金錢、資源，當然可以拿出比較好的成績。雖然雜誌社很好心地分成大企業、中小企業組，但我覺得還是沒有到很踏實，有種空虛感。」許羅儒如此說明。為了彌補這份空虛感，他找尋曾被他那些大企業裁員的員工，結果發現真實的情況並不像企業所給予的資料那般美好。但礙於僅是雜誌社記者的身分，許羅儒能做到的相當有限。在這個過程中，許躍儒發現他都在幫「有名片」的人說話，對於「沒有名片」的人他卻無所適從。

記者的工作訓練他成為「一個看似懂很多的人」，卻無法直接接觸到「沒有名片」的那些人。也因此，在辭去記者工作、服完兵役後，他回到家中幫忙安親班的業務，開始走向未來子計畫，提筆書寫他與教育、與小朋友的故事，也真正的走進「芸芸眾生」。

## 未來子計畫：用身體，來學習

社會學的訓練在許躍儒初入教育第一線時並非助力，他認為教育雖然在社會學中是一個重要的議題，然而他所接觸到的實例、文本、理論清一色都是「舶來品」，往往與本土的實務有所差距，許躍儒意識到必須從中重新汲取經驗。在經驗蒐集的過程中，許躍儒逐步看見了他所面對的問題與結構，而看見問題後，他嘗試扭轉情勢。在許躍儒接手安親班的家業後，原本相對填鴨教育的模式也有了一些轉變，他嘗試從教案、活動上實踐「用身體，來學習」的理念。

「我覺得那些小孩很可憐，有些真的並不是讀書的料，而他們又被迫跟著這個『遊戲』走。」許躍儒如此說道。課本中所追求、崇拜的抽象知識也與小朋友的日常生活有著難以跨越的鴻溝，也促使許躍儒重新思考哪些對於小朋友而言是重要的，於是許躍儒經常設計出許多新奇的教案。在有一次的教案中，許躍儒不僅帶領學生走出教室，在社區、馬路上認識在都市中的花花草草，並藉由蒐集這些花花草草讓小朋友手做出一個實用的東西（例如蒐集棉花的棉絮然後做成一個小枕頭）。而在另一次的教案發想中，由於課本出現了文化交流的概念，許躍儒便邀請新住民的家長到安親班一起吃飯、聊天，進而讓小朋友從中學習文化交流。

許躍儒嘗試從抽象的課本知識中找到另一條路，從實在的經驗中教導小朋友知識，而這些都是他看見問題後的嘗試與創新。

## 看見結構，嘗試妥協

社會學使人們看見所身處的社會結構與位置，並且化為改變的動力與養分。然而在許躍儒的經驗中，改變並非一蹴可就，在改變的過程中也面臨了許多限制與阻礙。未來子計畫雖然是安親班，但也在台灣升學脈絡、家長的期待下逐漸成為強調成績的補習班，而這樣的轉變也使得他在理想還有實踐上產生難以跨越的鴻溝。

許躍儒認為「用身體，來學習」的理念對於有些家長太過新穎，普遍家長還是課業為重，強調實務的理念吸引不到足夠的客群，因此許躍儒認為他的理念充其量也只能作為一種點綴，並不能做為一個完整的商品販賣。在安親班大部分時間還是在寫考卷、改作業以及教書，僅能在課餘時間實踐他「用身體，來學習」的理念。

帶領小朋友實作後，無從得知成效是好是壞，小朋友是否能夠在下一張考卷填上正確的答案仍是未知數，許躍儒苦笑著：「有一次我讓他們看台灣吧二二八事件的影片，希望能夠讓他們對這段歷史比較熟悉，結果當我下次問他們（二二八）的時候，有個小朋友直接講出：鄭成功！」

或許在實踐的過程中仍有限制，但許躍儒認為他的做法確實為一種新的妥協手段。許躍儒認為教育往往牽涉到了這世代對於下一個世代的執念，若要從體制內進行大規模改革的話勢必處處受阻，因此他希望從體制內的小地方著手做起。另外，許躍儒發現體制外教育仍需要一定的家庭、經濟資本來支撐，並不能走進「芸芸眾生」之中。

在發現教育上的問題後，許躍儒將他的理念埋入在教案當中，雖然受到了教育市場、家長期待的限制，但他期待未來子計畫能夠逐步在實踐中轉化逆境，成為小孩快樂成長的園地。

## 如同孩子一般，「做」社會學

未來子計畫帶給許躍儒的不單純是實踐經驗，同時也使他重審社會學的極限與價值。

「我覺得社會學有時候太愛找碴，看到什麼就要酸一下才過癮，社會學當然可以有批判性的思考能力，但不宜太過鑽牛角尖。」許躍儒如此道破社會學在實踐上的困難，他認為社會學提供許多理念上的動力與營養，但想得到與做得到往往存在著不可橫跨的距離，因此在實踐的當下有可能需要輔以其他學科的知識與技能，才能實踐理想。

或許基於深根在地的經驗，社會學的視野帶領許躍儒看見在教育現場的問題，也逐步建構未來子計畫的願景。但未來子計畫也並非僅吸收社會學給予的養分而成長，其中仍然需要相當多方面的配合以及協助。心理學的知識幫助許躍儒該如何與小朋友溝通，而行銷、設計的能力讓他能夠推廣未來子計畫。社會學確實帶領許躍儒看見了問題與幫助他建構理念，而曲折的實踐道路也使他如同在安親班的小孩一樣——從做中學，理解在實踐上所需要的困難以及其他學科、技能與社會學互補的重要性。

（本文採訪於二〇二〇年九月）

# 面對教育不平等，建立系統創造集體改變的力量
## Teach for Taiwan 執行長施惠文

撰文／陳芸霳

#TeachForTaiwan #結構性力量 #教育不平等

打開為台灣而教 Teach For Taiwan（後簡稱ＴＦＴ）的官方網站，再點入最上面橫列寫著「關於教育不平等」的連結，會看見一段清楚說明台灣教育不平等現況的圖文懶人包。雖然內容早已經過數次修改，但撰寫一份關於不平等的懶人包，正是施惠文剛進入ＴＦＴ時所接下的第一個任務。施惠文在大學時期雙主修社會系，讀研究所時，因緣際會地被當時剛成立的ＴＦＴ邀請擔任志工。

ＴＦＴ是一個致力於解決教育不平等問題的非營利組織，他們每年會將參與ＴＦＴ計劃的成員送至「高需求地區」擔任國小教師，希望讓台灣所有的孩子「都能擁有優質的教育和自我發展的機會」。而施惠文基於自己在不平等議題上的關懷、推動改變的渴望，以及在擔任志工的過程中，對於ＴＦＴ計畫更深的了解與認同，畢業後他轉為正職，去年升任執行長，持續在ＴＦＴ創造集體改變的力量。

## 在「文化衝擊」中看見不平等

在高中時，施惠文的第一志願便是社會系，而這深受他過去生命經驗的影響。

從社區國中的放牛班考上台北市前三志願，施惠文在高中經歷了一場「文化衝擊」。對他來說，高中生活處處可見與過去的差距，其中最明顯的便是同學們在知識、才藝等文化資本上的差距，這令他感到十分困惑，就像是在兩個平行世界裡。後來施惠文透過人社營認識了社會學以及不平等、階級複製等概念，他發覺這似乎可以解釋自己的經歷，因此在主動閱讀相關入門書籍後，他當時視社會系為第一志願。最後施惠文在大二時選擇雙主修社會系。

大三時，修習人類系必修課的施惠文前往花蓮的原住民部落做田野，在那裡他再次經歷了極大的衝擊。他在田野中親眼看見社會學課本上的不平等發生在一個人、一個社群身上的模樣，這使他體認到不平等事實上持續存在，也開始思考自己能做的事。此外，當時野草莓學運、三一八學運等社會運動，也影響他與同輩的人有種「社會需要改變」的體悟，以及「年輕人需要承擔這個世代的責任」的使命感與迫切性。被學運號召出的使命感、自己在日常生活與田野中的所見所聞，對他來說形同某種承諾，讓施惠文不斷地問自己：「你可以為這個社會做什麼?你希望這個國家下一個三十年長什麼樣子？」透過實際行動改變不平等的渴望，早已根植在他的心中。

因為在意、想要解答自己所處社會所發生的事，施惠文後來進入社會所。不過，雖然喜愛做研究，也一度想要成為學者，但他在思考自己的未來時，總會想起小時候的同學和部落的孩子，問自己「他們的人生，有多少程度會因為我成為一個優秀的學者而改變？」考慮到學術之路的漫長，施惠文決定畢業後去做一些更貼近現場或實務的工作。

## 以教育創造改變的願景

當施惠文開始思考如何改變不平等時，他想到了教育。因為教育既是造成不平等再製的重要機制之一，亦是一個強而有力的結構性力量，且教育系統也牽涉到其他議題如性別、族群，若在其中創造改變，這個改變能夠觸及許多人、許多面向。不過當時施惠文只有初步的想法，例如修完教程後去教公民，或是自己創業，建立一個偏鄉社會科老師的支持系統等等。某次與同學閒聊時，施惠文便與他分享了這些想法，有天同學就傳了ＴＦＴ的網站給他，建議他可以去了解看看。雖然施惠文去參與了ＴＦＴ舉辦的活動、了解他們的計劃，並留下自己的資訊，但那時ＴＦＴ的目標仍十分模糊，所以他後來並未繼續關注。

不久後，ＴＦＴ的成員來找他幫忙，希望他可以撰寫一個提升大眾對於教育不平等認識的文章，因為當時大多數人不了解偏鄉教育的困境，而他們認為就讀社會所的施惠文應該很擅長撰寫這類文章。於是施惠文答應了他們的請求，也成為ＴＦＴ初期的志工。不知不覺中他便「越陷越深」，將時間都投入ＴＦＴ，碩士論文的進度更因此停擺了兩年。

「ＴＦＴ計畫在創的是一個系統，它不是要讓一個老師進到一間教室而已……其實它背後就是在談這整個社會結構的問題，跟一個讓個人或是一個組織可以去對應這些結構問題的解方。然後有一個反應去擾動原本理所當然的運作規則，讓它有一點點轉變。」施惠文提及ＴＦＴ計劃的內涵。而他相信和ＴＦＴ一起創造一個完整的系統，相較於自己去當老師，能夠創造更大的影響，更回應自己所關注的議題，同時更能在工作中應用社會學所訓練出的思考方式與知識。所以在研究所畢業後，雖然有一些冒險，他說：「連ＴＦＴ有沒有辦法付得出薪水，我都沒有把握。」但他決定給自己三年的時間試試看。

## 日常工作：每天修一堂社研法

起初，施惠文擔任領導力發展部的總監，也就是TFT兩年計劃的主要負責人。他的工作是設計TFT計劃的運作機制以及具體執行。從前端的準備工作到最後的成效追蹤，過程中不管是甄選、規劃老師所需要的培訓課程；建立與學校的合作默契，將老師送到偏鄉；支持老師在教室裡外創造改變，例如協助連結在地資源，讓老師帶動學校、社區、社會等層次的改變，加強孩子的社會支持系統；以及計劃結束後，設計追蹤研究等等。這些都是施惠文和領導力發展部的任務。

升任執行長後，施惠文從過去專注於處理兩年計劃，轉為必須站在整個組織的角度去面對台灣社會不平等的議題，思考TFT下一步還可以做什麼。因為他們理解TFT計劃不會是唯一的解方，所以他們也開始思考如何向外連結，動員並串連更多組織、更多人來加速社會的改變。

具體而言，執行長最重要的工作便是做好的決策，而施惠文認為做決策就像是做一個研究題目的實務練習，所以他的日常其實是「把社會研究方法重修很多遍，每天都修一堂社研法。」雖然問題的層次不同、解決問題所需花費的時間也差異很大，但他每天的工作就是不斷重複研究的步驟：釐清現在的問題、確認問題背後的假設、核心關懷，藉此避免答錯問題或出現偏誤。在確認問題後，想最適合的方法去解決，得到結論，並做出一個能夠帶領組織繼續往目標前進的決策，例如爭取相關資源、創造機會、建立相對應的網絡等等。此外，施惠文另個重要的工作則是透過組織運作規則的設計與維繫，讓組織內部形成他所期待的社會秩序，而這個社會秩序能夠引導成員，讓成員比較舒服的、沒有太多阻礙的在團隊中發揮自己的功能與角色。

## 社會變遷如何可能？一場鉅觀與微觀互動的漫長革命

對施惠文來說，社會學在探詢的是「社會秩序如何可能」與「社會變遷如何可能」，而他和TFT這幾年來便是專注於讓社會變遷、讓改變教育不平等這件事變得可能。在此實踐理想的過程中，社會系必修課持續對思考的訓練、對精準解決問題能力的培養，都讓他在工作上更得心應手，他也因此能夠笑著回憶過去扎實的學習歷程：「原來我那時候寫memo寫到想哭，然後期末報告寫到想要吐出來，是有意義的。因為我現在的人生，雖然不用寫兩萬字了，但是我好像其實還是要用一個類似的結構去幫助我解決這個問題。」

社會學的觀點不只影響他個人，也連帶影響到整個TFT的基本的運作假設與方法論。施惠文和TFT在實際生活中落實「看見結構的作用」而不去指責個人，例如他們會讓老師理解一個家長為什麼「不負責任」，是哪些結構、哪些力量讓他們成為不理想的父母。在思考如何回應不平等時，施惠文想的則是如何創造新的系統，與原來的結構互動並改變它，因為他們要的不只是短期或是一次性的解方。社會學也讓他理解微觀互動的改變並非徒勞無功：這些微小、不起眼的改變與影響最後會創造一種集體性的力量，進而撼動社會。回到「社會變遷如何可能」的課題，改變教育不平等是一場漫長的「革命」，但施惠文始終記得過去經歷的衝擊及自己最在意的議題，社會學也讓他相信，社會變遷會在這些有意義的、無論是結構層次或互動層次的改變達到一定程度的積累後出現。

（本文採訪於二〇二一年六月）

# 走進體制內，推進理想中的台灣社會——台北市議員林穎孟

#市議員 #田野調查 #體制內改革

撰文／柯亮宇

走進位於市議會七樓的辦公室，不同於走廊上肅靜的氛圍，辦公室內播著輕音樂、陽光從大片落地窗灑落。與潔白的沙發和牆面產生強烈對比的，是懸掛在窗上的西藏五色風馬旗，以及插在書櫃上的六色彩虹旗。林穎孟，台大社會所畢業後曾在遊戲公司任職，後轉職進入政治圈，並於二〇一八在台北市深藍的大安文山選區，順利當選第十三屆台北市議員。

## 一群人一起，就可以做些事情來改變社會

十年前，從台大社會所畢業的林穎孟沒有直接進入政治圈，其實與當時兩黨制的政治生態有關。「我認為那個結構太過龐大了，我一個人進去可能沒辦法改變。」對社會抱持關懷的他，選擇做一個積極公民，除了在公共平台針對自己擅長的性別、政治、社會議題發言，也擔任NGO志工進行倡議，然而他卻時常感到無力，「NGO花了很多時間要去遊說公部門，但那門檻有點高，政治人物聽到了，卻會因為中間的某些過程而無法去實踐。」

二〇一四年，發生改寫台灣民主史的三一八學運，成為他人生重要的轉捩點。一方面他感受到體制外的公民力量，開始足以影響體制內的政治運作。另一方面，他在學運中結識了一群有共同理念的夥伴。「當有一群人一起，你會覺得可以做一些事情來改變這個社會。」他因此決心轉換跑道，毛遂自薦進入國會擔任立委林昶佐的法案組長，並在老闆的勸進下，投入二〇一八年台北市議員選舉。

說起林昶佐對他的影響，是從他注重團隊合作、勇於信任夥伴的處事態度，林穎孟體會到「政治路其實是找夥伴的過程」，顛覆了他原先對政治是很孤獨的、勾心鬥角的想像。

## 善用社會學監督市政，可以守護心中的理想社會

市議員很重要的一項工作是質詢市府官員，雖然每個質詢只有十八分鐘、總質詢四十分鐘，但都必須經過充分的構思準備，才可以善用每一分秒，有效傳遞自己關心的議題與訴求。林穎孟說，不只「問什麼」，「怎麼問」也很重要。以社會住宅議題為例，他除了請助理蒐集市長的競選政見、市府執行現況等數據資料，同時他也會參考學術論文，「設計」一場質詢鋪陳，一步步引導官員思考照現在的興建速率，政策目標需要二十二年才能完成，而社會住宅不足的城市，又如何造成不婚、不生等社會問題。如此一來，會比起單純呼籲或痛罵，更有效地敦促政府修正政策規劃，加速社宅興建。

「雖然有些學者會覺得『我寫這些都沒人看』，但真的還是有人看啦！我們會看嘛！因為我們真的沒有時間去做研究。」林穎孟說社會學研究的成果直至今日，還是時常為自己研究政策、監督市政所用。除了社會住宅的案例，他在質詢時也會以社會學研究女性進入家庭後，勞動參與率急劇下降的數據，點醒柯文哲市長「發紅包救結婚率」的錯誤政策是忽略女性二度就業的困境，而這才是有職業成就的女性不敢進入婚姻的根本原因。林穎孟說，這些研究成果都會成為改變社會的理論基礎，提供政治工作者養分。

台灣國家正常化、打造性別平等社會、推動教育改革、深根台灣文化，是幾個林穎孟核心的政治理念。

然而，要達成這些「很社會學的理想」，地方議員的職權範圍卻好像有所不及。對此，林穎孟不否認許多原則性的規範需在中央層級討論，但地方民代並非無用武之地，還是能夠扮演監督規範是否被落實的角色。「其實中央的法案都很進步，譬如說我們有性別平等教育法，可是在地方上面，你會發現落實的程度都有待加強。」他舉前一陣子引發熱議的，彩虹家長在國中小晨光時間入班宣教、推行守貞教育的事件為例，凸顯了中央法律規範實踐到百姓生活中，是可能被違反或扭曲的。而議員的問政監督，其實是在另一個層次上打造、守護他的理想社會。

## 把地方選民服務當作一種田野調查

身為民意代表的另一項重要的工作，就是所謂的「地方選民服務」。有些人或許對跑紅白帖、參與地方聚會等民代「搏感情」的行為反感，林穎孟卻不認同，他反而將跑地方行程當成一種田野調查，藉機了解他的選民以及整個社會不同的聲音，包含對當前熱門社會議題的意見，與在生活中碰到的疑難雜症。「一個選民在菜市場工作很多年，當然他無法像大學生講出什麼艱深的理論、知識性的名詞，但他會跟你反映生活上遇到的困難。」而社會學的田野訓練，讓林穎孟具有比其他民代更敏銳的某種觸覺，能將具有共同特徵的常民困擾，歸納成一個潛在的社會體制問題，進而成為他能使上力的、促成改善的踏實目標。

走入田野的另一個重要任務，即是與在地居民建立友誼與信任，在學術研究上，這是研究者獲得分析資料的重要技藝；在政治工作上，林穎孟則認為信任是成功推動政策的關鍵。

理念固然重要，但他在實務工作中體認到，選民比起「因為理念而支持一個政治人物」，更可能會「因為喜歡你而支持你的理念」。以同志教育的議題為例，林穎孟指出大部分長輩還是有疑慮，但喜歡他的人至少會願意坦白他們的疑慮、願意聽他解釋同志教育並不會造成性解放，反而能避免陰柔氣質的男生被霸凌，他說：「而這個溝通之所以能達成，是因為他原本就是支持我的，他會覺得你講的東西是可以信任的。」

## 進入政治場域，看見性別理論實踐的困境與機會

從求學期間就鑽研性別議題的林穎孟，進入政治圈後，仍然十分關心政治、社會上的性別議題。擔任台北市議會性平連線小組召集人的他，體察到政治圈作為一個特別陽剛的場域，女性政治人物所面臨的困境。除了被評論外貌是家常便飯，林穎孟認為「民眾傾向喜歡、信服那些看起

來陽剛的政治人物」，雖不認同但他坦承在短時間內，政治人物（尤其民選的民代）難以改變這個悲傷的事實，「在這個過程之中，還是要學習怎麼變得陽剛一點」，避免自己只被注重外表，或被選民認定「不夠格」為民喉舌。

曾在研究所修習范雲老師開設之「性別與政治」課程的他，也在實務界看見理論跟實踐的差距，「你會有一種衝擊、有很多的思辨，會去思考以前我跟老師上課學到的東西，到底要怎麼實際運用在政治領域。」

雖然理想與現實的落差勢必造成某種程度的失望，但比起他觀察到沒有相關知識背景的女性政治人物，在面對性別造成的弱勢處境時感到的無助、無所適從，林穎孟認為自己戴著社會學的眼鏡，至少會比較知道該怎麼冷靜應對。有趣的是因為范雲老師現在同為在政治場域實踐理想的立法委員，他也成為林穎孟在離開校園以後，進入政治圈的另一種老師。

## 不要太過天真，也不要太過絕望

回望這幾年的歷練，重新審視當初在NGO倡議時對體制內的無力或失望，如今林穎孟又有了不同體悟。「推動一件改變不是那麼容易」，過去的自己會對體制內改革的緩慢或妥協，抱持著動機上的懷疑；現在的他卻體會到「政治其實主要是在處理人的問題」，而這又是最耗費時間與磨練心志的課題。比方說，光是在市場蓋一個電梯，看似簡單不過的社區建設，就可能因為社區本來的人際關係遠近或對立，再加上支持不同的議員或政黨，讓一個沒什麼爭議性的提案變得困難重重。「這社會並不是像想像中，可以這麼獨裁的……去堅持做到一百分。」林穎孟選擇用「獨裁」來形容過去理想主義的自己。

而社會學教他去理解每一個在社會結構下被限制的個體，正好引導他看清不同人為什麼如此思考、如此決策，也磨練他適應人與人之間進行「政治的妥協」。而同理的對象不僅是選民，更是對政治，也對身為政治工作者的自己。曾在政治中受傷、失望的他，認為做政治工作「不要太過天真，也不要太過絕望」，就像社會學教我們看見結構的限制，卻也不忘記結構下，人仍具有能動性。對他來說，最重要的是謹記那最核心的、必須不斷探問自己的問題：「要怎麼改變世界，更接近自己理想的樣子？」

（本文採訪於二〇二一年二月）

# 從溪洲部落至凱達格蘭大道總統府編審阮俊達

撰文／林育葳

#總統府編審 #田野經驗 #族群主流化

訪談過程中，阮俊達的應答總條理分明且邏輯清晰，令人不禁讚嘆：「啊，果然是在為總統撰寫文稿的人。」阮俊達大二時選擇雙主修社會學系，更在畢業後就讀社會所，現在任職於總統府，擔任蔡英文總統的撰稿人。

## 一切始於一場田野

第一次接觸到社會學，是阮俊達高中參加的人文社會科學營時，當時他才知道有個領域叫作「社會學」，並因此對社會學有粗淺的認識。

在升大學的暑假，阮俊達繼續參加了為曾經參加過人社營的學員辦理的經典閱讀計畫，當時他聽完林國明老師對《舊制度與大革命》的介紹後，開始對社會學產生興趣。

進入法律系求學後，阮俊達意識到法律系的學術訓練明顯地以國家考試為導向，法律系學生多用心鑽研考科，卻忽略作為法律基礎的法理學、法哲學及法社會學等子領域。然而他不甘於此，阮俊達認為，法律人必須能夠了解法律是在什麼樣的社會中被訂定、修改以及運用的，因此大二時，他雙主修社會學。

上大二後，阮俊達因為修習系選修「音樂社會學」而至新店溪畔做田野，關心被政府強迫拆遷的溪洲部落，陪伴當地居民進行抗爭，並與當地居民持續密切互動，他因此將自己的田野經驗寫成科技部的大專生研究計畫。

在撰寫研究期間，阮俊達發現台灣原住民族社會運動的相關文獻多僅聚焦於一九八〇年代至二〇〇〇年，然而就他的觀察，二〇〇〇年後各地反而有許多原運興起且互相串聯，並皆指向對於政府的不滿。他因此好奇：為什麼政府明明推動了很多與原住民族權利有關的進步政策和修訂相關法律，原運抗爭仍不斷增加？阮俊達後來考入社會所，並以此為研究問題寫作碩論，因此對原住民族相關議題相當熟悉，更從此與原住民族的公共事務結下淵緣。

## 從溪洲部落至凱達格蘭大道

寫作碩論的期間，阮俊達參與了許多原民團體，經常至各地的原住民族部落進行田野，以及關注原住民族相關的政策以及法案，因此在前原民會主委瓦歷斯．貝林的帶領下，他於二〇一五年受當時正在競選總統的蔡英文邀請，協助原住民族相關政策的規劃以及討論。

當阮俊達寫完碩論時，正值總統大選，他便決定留在團隊中協助政策轉譯，透過宣傳以及政策說明進行社會溝通。阮俊達指出，若要改變原住民族所受到的不平等待遇，不同族群者必須互相理解，因此他以「族群主流化」作為目標，希望台灣人能夠更瞭解原住民族的歷史與文化。後來，蔡英文於二〇一六年當選，他也因此被邀請至總統府參與推動原住民族轉型正義等原住民族議題。

剛開始進入總統府工作時，阮俊達的業務為協助「原住民族歷史正義與轉型正義委員會」的運作，委員會主要透過總統定期與原住民各族推舉的代表的開會以及談話，了解過去原住民族在台灣數百年來所受到的不公平待遇以及原住民族的歷史觀點，並藉由社會溝通讓原住民族的觀點能被更多人看見，藉此提出改革政策。

後來，阮俊達漸漸開始將業務拓展至其他領域，進入「文稿小組」工作。文稿小組主要的工作內容為撰寫以及編審各類總統的稿件內容，包括公開場合的講稿、社群貼文、公共信件、媒體訪問以及接待外賓談話參考等，涵蓋各個領域，因此必須對於台灣各個領域的相關知識以及政府的公共政策和目標皆有一定程度的了解。

「我現在有個專長，就是可以把所有領域的公共政策和國家未來目標都跟你講一遍，不過每個領域大概就是講十分鐘，要更深入就不一定能做到了。」阮俊達打趣道。

而自二〇一八年開始，阮俊達所屬的團隊見識到社群即時有效的社會溝通是很重要的事情，所以阮俊達的工作重心逐漸轉向社群經營，協助撰寫要張貼至社群媒體的影片腳本、圖卡上的文字。

除此之外，為了讓總統更貼近社會脈動，他也參與了許多讓總統與民眾距離更近的企劃。例如蔡英文總統曾張貼於臉書上的逛書店企劃，即為阮俊達的點子。

## 成就一個關懷社會的體制：社會學提供理論以及工具

對阮俊達而言，台大社會系的學術訓練貼近台灣本土社會變遷，不僅幫助他理解社會現象和議題，且當他欲深入了解社會現象為何時，其所受的學術訓練更提供足夠的理論基礎及研究方法使其了解社會現象。

過去陳東升老師以《社會學與台灣社會》作為系大一必修社會學甲的教材，讓他能夠掌握台灣社會的整體圖像，如果有哪些議題是總統相對不熟悉的，阮俊達便會寫摘要供總統參考，方便總統在談話及工作過程中使用。他指出，總統雖然擁有法律、政治以及經濟的背景，但未必對所有社會議題有清楚的掌握，像是總統一開始可能對於原住民族、移民工等議題相對不熟悉，這時阮俊達的社會學背景就派上用場，盡到幕僚的職責。

不僅如此，阮俊達特別指出社會研究方法一整學年的訓練對他尤其受用。總統府編審業務繁多，而社研法的訓練幫助他快速分析及查找工作所需的資料，同時更賦予他批判及反思的能力。例如當阮俊達在書寫須提供給總統的稿件時，有些資料是由公務員提供的，社研法的訓練讓他不會把資料照單全收，而是會再更進一步查證、調整、修改資料。他分享道，總統在建築師節時會出席建築師公會的活動，而內政部給他的資料寫道台灣是全台灣綠建築做得第二好的國家，僅次於美國，然而他質疑：台灣的綠建築密度跟數量真的有這麼高嗎？因此他開始上網搜尋資料，發現目前政府的公開資料中，台灣的確是綠建築數量以及密度第二高的國家，然而在訪問建築師朋友後，阮俊達才了解到綠建築以「節能」作為指標，因此台灣許多建築會在設計時特別重視節能，然而卻未必永續。他指出，以水泥及金屬建成的新台中火車站即為綠建築，它以寬敞的室外穿堂代替冷氣，減少耗能，然而並非僅以節能就能造就永續環保，且因此導致夏天炎熱、未能遮雨，造成人們的不適。

阮俊達說：「台大社會系有很好的公共關懷傳統，像我會走到今天也是因為修了社會系的課去做田野，展開反身性的思考，我認為這是很重要的。」

一堂走出教室的社會學實踐，最後讓阮俊達進入總統府工作。社會學不僅提供了核心關懷及反身性，更提供能夠理解社會現象並影響社會的工具，使他得以在工作崗位中，以社會學作為工具以實踐社會學的關懷。

（本文採訪於二〇二〇年十二月）

# 實踐社會學的理想

## 與勞工站在一起的人

# 工運組織工作者鄭雅菱

撰文／李秉純

# 工運組織 # 小島休日 # 社運 # 勞工權益

「社會運動是一群人去做一些讓社會變得更好的事情。」坐在瀰漫咖啡香且光線柔和的空間，新家具的氣息尤在，卻能從鄭雅菱的言語中想見兩年前長榮空服員的罷工行動：街頭擠滿人群、大聲公放送訴求、記者會鎂光燈狂閃。鄭雅菱自台大社會學研究所畢業後便籌組消防員工作權益促進會、任職全國自主工人聯盟，而後加入桃園市空服員職業工會。作為專業組織工作者，投入消防員權益改革、華航與長榮罷工等台灣重要工運事件，直到二〇二〇年，他辭去工會職務，經營起共同空間「小島休日 LifeArt Studio」、準備就讀心理諮商所，將社運精神轉戰到其他領域。

## 在結構中找尋改變的可能性

「我們在尋求的不就是一個改變的可能嗎？」談起七年的工運歷程，鄭雅菱一直掛記的正是如何從結構面改變社會。大學時，他從個案導向解決問題的社工系轉來社會系，並就讀社會學研究所，想以學術或記者作為介入社會的方式。為了撰寫消防員工作之性別問題的碩論而進入田野，鄭雅菱卻發現性別問題並非多數消防員在工作現場在乎之事，他們最擔心的，是人力與設備的不足，而致使的生死安危，因此，鄭雅菱與研究對象於台北街頭籌辦了第一場消防員搶救心肝大遊行。在台灣社會對於消防員權益幾乎無討論的背景下，這場遊行卻意外地激起迴響，基層消防員受到鼓舞，鄭雅菱也從中看到希望與感動，決定投入消防員權益的推廣。從沒想過自己會走上社會運動一途的鄭雅菱，就這樣與消防員夥伴們創立了消防員工作權益促進會，開始了做中學的組織工作者旅程。

甫成立消權會，鄭雅菱與成員都是組織新手，談起當時的手忙腳亂——協會成立的程序、努力說服人入會、一手撰寫章程等等，「其實我覺得現在看起來都是小事了。」他輕輕地說。在學院中沒有人會教導如何組織，因此鄭雅菱體認到：「你有了這個工具跟批判的精神，但是你是不是只會批判？你要執行，你還是要學很多新的工作方法跟新知。」

摸索的過程中，他理解運動需要戰友，也需要資源跟討論對象。不同於企業有教育訓練和辦公室處理事情的SOP，「運動充滿著各種可能性，」每一個工運組織，其組成的人特性與來自產業均不同，需要組織工作者視情形給予不同的判斷，「每一個案件都是嶄新的任務，這就是運動迷人的地方。」鄭雅菱接著與桃園市產業總工會成為工作夥伴，二〇一六年華航準備罷工，需要具秘書長經驗的人手，他便借調去桃園空服員職業工會協助。

## 勞工的戰友——社會學訓練下的組織工作者

「他半夜兩點打來，說現場的水帶扁掉了、同學不見了，聽起來很害怕在發抖；同時消防局也在把監視器畫面取消，證據正在消失……」回想起新屋大火那一夜，鄭雅菱仍歷歷在目。消權會成立後雖開始促成勞動條件改善，但接連發生的殉職事件，這讓鄭雅菱感覺「雖然在做一個充滿希望的事情，但議題攸關生死，非常沈重。」多起集體殉職事件，讓消防員重複經歷朋友／同事的死亡，鄭雅菱除了感同身受外，也自責是否因改革不夠快而無法阻止悲劇？但身為組織工作者，在殉職事件當下，必須先擱置自己悲傷、自責、無助等情緒，進而鼓舞消防員幹部，帶著不知所措的大家朝改革的方向前進。

「我們的定位就是跟勞工站在一起的人，大家的身分都是勞動者，是一起站出來抗爭的人。」從消防員到空服員運動，鄭雅菱皆如此定位自己。台灣社會對於工運、勞權等議題的關注很低，大眾理解中的工會只有罷工、抗爭，不過鄭雅菱細數起每日的忙碌，直言工會的事情非常繁雜。內部勞資問題的部分，由於工會的資金來自會員的繳款，因此需確認會員名冊與帳目；會員繳會費是希望工會能協助處理職場問題，因此每月每季工會都會彙集會員的訴求向資方協商；接著，定期召開內部會議，追蹤協商的進度或議案的推動。對外倡議部分，需要準備布條和新聞稿開記者會、遊說立委修法、至勞動部提出訴求等等，而這些龐雜的事務，是由少數幾位專任組織工作者和身兼職員的工會幹部一手撐起的。

然而，要如何看見勞工困擾背後的制度性議題，以達成長遠的改變？鄭雅菱舉例，社會學的思維讓他不只是聚焦個人疏失，而是從結構面思考殉職為何發生。他指出，消防員一開始會認為殉職是在選擇這份高風險工作時就要接受的、無可避免的；各縣市消防局的調查報告會以高溫閃燃、建築物突然倒塌等不可抗力因素來解釋悲劇，主流媒體也是呈現這套說詞。「這就是這個社會框架希望你去了解的方向，可是我覺得社會學的好處是告訴你要去質疑這件事。」他轉而深入現場，用客觀分析拆解殉職原因——勞動條件、指揮系統、現場調度、人力與裝備資源等層面都出現制度性缺失。在眾人既已接受的狀況中，他找到事件真相來改變不應是宿命的宿命。

## 不應該只是辛苦的工運參與者

回想起抗爭經驗，鄭雅菱也直指工運在結構面的困境。長榮罷工時，空服員工會每天都在開記者會澄清謠言。是否苛扣空服員的證件？是否有罷工者回去上班了？苦行時有沒有跑去吃大餐？面對這些讓當事人澄清不完的指控，身為記者會主持人的鄭雅菱一一說明，但新聞卻無法如實呈現。媒體選擇性報導、網路瘋起的攻擊工會的謠言，在在凸顯資方與勞方資源的懸殊。工會在台灣總是被資方壓迫，且民眾也缺乏對工會的了解，因此常常會被帶風向或是一味要求工會該怎麼做、該怎麼改善。

「我其實蠻討厭別人覺得，你們從事運動好辛苦，好犧牲奉獻。我覺得這沒什麼好佩服的，我們從事的就是一份專業工作罷了。」但是工會在爭取權益時，很難得到社會支持，更常常被批評是「來亂的」。明明是在努力提升勞動條件與促進職場安全，但社會上彷彿有一股阻力，也常常讓工運工作者覺得：「好像這個社會只有我們在這麼用力，沒什麼支援。」因此，鄭雅菱認為不該停留在「感嘆工會的辛苦，運動者的犧牲」，而應該加強勞動教育，在學院裡讓更多人認識工會與工運，讓這條改變社會的路徑被更多人實踐與尊重，這或許是社會學界可以著力之處。

## 接住夥伴，一起在日常生活中的運動實踐

「他們是一群不會被體制束縛、不願意對現有環境低頭的人。」在看似困難的工運中，鄭雅菱最珍惜的是夥伴，「你在別的場合裡不會遇到這樣的人，這麼勇敢、願意付出的人。」與這群人一起做著讓社會變好的事情，鄭雅菱覺得很有成就感。不論是消防員權益改善、生命三法通過，或是罷工後資方提升的勞動條件，更難得的是更多年輕工人因為相信自己有能力促成改變而成立工會，種種成果對鄭雅菱而言，代表著停滯三十年的勞權意識正在改善。

也因為珍惜這群人，當鄭雅菱回望七年工運經驗時，看到的是夥伴在運動中的高度耗損。大學時從社工轉入社會系，現在試圖跨足心理學領域，看似從關注結構回到個人，其實是在投入運動的過程中意識到心理健康的重要性。「把自己顧好，才有辦法去走一個長遠辛苦的改變的路。」這七年，他親眼見證運動替勞動環境帶來的巨大改善，但這個高壓力的運動旅程，也對每一個當事人的心理健康帶來不同程度的挑戰。他希望從心理專業取經，找到個人與社會、理想與現實的平衡方式。此外，社運較為剛硬的屬性不容易爭取到社會大眾支持，他想，或許，從心理學的途徑，能給予不同的切入點，鼓勵更多人認識運動，甚至長出改變的勇氣。

另一方面，鄭雅菱同時開設了小島休日工作室，也是因為過去經驗的沉澱，「運動中會覺得人與人之間的互動、一起做些什麼，可以給人很大的能量。」因此他希望創造一個人們能交流的

空間，在這裡分享生活，甚至發展新的興趣技能，去觸探自己更多元的可能。經歷過工作性質差異極大的轉職，但是一直追求著可能性的鄭雅菱說：「當你有了社會學給的看事情的角度跟分析工具，也許你到哪裡都不用太焦慮吧！因為你就不會是個墨守成規的人，你就是個會給自己很多可能性的人啊！」帶著這股能量，在市區中的一方天地，鄭雅菱持續在日常中實踐運動精神。

（本文採訪於二〇二一年三月）

# 冤案社會學徒的「告白」
## 冤獄平反協會倡議主任柯昀青

#冤獄平反協會 #社會倡議 #無辜者關懷

撰文／林育葳

在台大社會系館319教室，侃侃而談的柯昀青不時與系上老師彼此開玩笑，談論其進入冤獄平反協會的歷程以及在倡議過程中發生的故事；在社會學年會，柯昀青一身俐落套裝，談論無罪可認且無病可治的性侵冤案當事人面臨的困境；一走進冤獄平反協會的辦公室，門口陳列著他與孫斌共同翻譯的《審判數學：在法庭中數字如何被運用及濫用》。作為倡議主任的他，積極地在不同的場合，以各種方式推廣冤獄議題。柯昀青大學時期就讀政治系，畢業後考入社會所，現為冤獄平反協會（以下簡稱平冤）的倡議主任。

## 誤打誤撞地成為社會學徒，又誤打誤撞地進入平冤

柯昀青大學就讀政治系，當時因為身邊許多同學都會修習社會系的課，他便也誤打誤撞地輔修了社會系。「那時社會系的課讓我有『眼睛一亮』的感覺。」回想起陳東升老師的社會學甲以及劉華真老師的社會學理論，柯昀青說，而此也成為他就讀社會學研究所的原因。

進入社會所後，柯昀青的碩士論文以「胖小孩」為題，並曾因科技部的人文社會經典譯注計畫投入翻譯工作，也曾在系上學姐的邀約下參與紹興社區的反迫遷運動，最後在畢業後則任職於平冤。

柯昀青的一切經歷之間看似無太大的交集，並未持續深耕於特定領域，但這些都是他「有興趣的事」——「如果不是有興趣的話，我不會做這麼久。」進入平冤的過程亦然。雖然柯昀青坦承他在社群媒體上看到平冤的執行秘書招募資訊時並沒有多想，只認為過去在紹興社區的經驗讓他對於非政府組織中的「執行秘書」一職可以有一定程度的想像，便投下履歷，然而柯昀青回想，無論是準備履歷及面試的過程以及面試的當下，平冤都讓他「眼睛一亮」。他指出，社會所讓他

清楚自己「不喜歡什麼」，而在應徵成為平冤的一員的過程中，他的任何「小地雷」都沒有被引爆，因此，正如過往於社會系的修課經驗般，這股「眼睛一亮」的感覺又領著他走入人生的另外一個階段。

## 不只進行倡議，更讓冤案議題跨域延伸的倡議主任

由於證據疑點以及程序瑕疵，刑事案件可能存在著冤判的風險。有鑑於此，冤獄平反協會於二〇一二年正式成立，透過行動幫助冤案當事人，同時推動司法改革，試圖減少冤案的發生。平冤的業務範圍主要有四個面向：冤案救援、倡議改革、國際串聯以及無辜者關懷。身為倡議主任的柯昀青主要負責倡議改革，不過為了倡議，他也參與其他面向的工作，以對冤案議題有更深刻的理解，幫助他與社會大眾溝通冤案議題。舉例而言，在平冤的電子報《冤冤相報》中，他就時常藉由令人動容的無辜者故事，讓大眾更理解無辜者所面臨的艱困處境。

身為倡議主任，柯昀青的其中一項業務內容為對外宣傳。他撰寫平冤的電子報《冤冤相報》，透過書寫平冤的動態讓民眾了解冤案。除此之外，柯昀青也透過辦理講座、接受媒體採訪以及紀錄片播放等形式進行倡議。與此同時，他還積極地為平冤進行募款，藉由向大眾宣傳平冤的理念獲取小額捐款，或是向基金會等大型單位募款或合作，作為組織的收益來源。募款說來簡單，然

而募款並不僅止於拿到錢，而是必須持續與捐款人互動、經營彼此之間的關係，並讓他們了解組織的動態。

不僅如此，得力於社會科學研究背景，柯昀青也參與「平冤學術部」的業務。平冤學術部透過進行冤案相關研究、辦理研討會以及學術沙龍，試圖讓冤案議題在學術界有更多的討論，同時也會透過遊說推動社會改革。值得注意的是，雖然冤案看似為法律領域的議題，然而社研所的柯昀青靈敏地嗅到社會科學研究方法可以如何作為強而有力的工具介入冤案研究之中，所以在許多學術交流場合中，他都會積極地邀請法學以及社會科學研究領域的研究者，邀請雙方展開對話，例如在今年的學術沙龍中，他便邀請了長期投入RCA案且具社會科學背景的林宜平老師參與。此外，他也曾在平冤的年度論壇中與法學、社會學教授討論冤案實證研究。

柯昀青也積極地參與國際交流的機會，幾年前他即曾赴美國參與實習計畫，與威斯康辛無辜計畫的運動者進行交流並在當地分享台灣的冤案救援經驗，「這讓我感覺這是在為我家鄉的組織發言，有很大的培力感」，柯昀青指出，國際交流的其中一個目的其實在於「讓自己意識到台灣的司法制度有多特別」。他分享道，在對抗制訴訟制度下，檢察官為負責起訴刑事案件嫌疑人的角色，檢察官與被告理論上會是對立的雙方，然而，台灣卻有兩起「檢辯協力」的經驗，是由檢察官主動為冤枉被告提出再審，這讓前來台灣的日本運動者非常驚艷。此外，平冤也會將與國外運動者的交流經驗分享給台灣的司法人員，讓他們更願意積極地正視冤案議題。

## 穿透社會牆面的透視鏡，思考「為什麼」

雖於看似與法律以及社工專業較為相關的平冤工作，柯昀青的背景卻讓他的工作內容「總有一股社會學的味」。舉例而言，柯昀青曾於母系的演講笑稱他所寫的「冤冤相報」大概是唯一一個擁有APA引註格式的電子報，而內容就像是一篇篇社會學的小論文。

更重要的是，對柯昀青而言，社會學提供他一副「透視鏡」，幫助他看透牆面，並看清牆後的世界，理解人與人之間的互動以及人們建構起來的社會，使他在面對衝突以及挫折後都會先思考「為什麼」。除此之外，無論在紹興社區從事運動或是在平冤工作時，社會學研究方法的訓練幫助他更能看見受訪者。舉例而言，柯昀青曾經遇到一位不願意到場開庭的無辜當事人。一般人對於冤獄平反者的印象或許是他們努力不懈、不願放棄，積極為自己爭取權利，因此或許難以同理這位當事人何以獲得平反的機會卻不願意開庭。過去的柯昀青可能會因此感到氣餒，然而受過社會學訓練後他便知道，對這位曾經因制度而受過傷的當事人而言，他難以信任、甚至害怕法院。柯昀青因為社會學的訓練而看見許多受訪者沈默之餘，未說出口的故事，進而讓他更了解如何與當事人溝通。

無論是在母系分享自己的冤案救援經驗以及訪談的過程，柯昀青皆不斷強調社會學如何提供了他於冤案議題上的有力工具，「那個時候嘉苓（老師）還叫我不要一直業配社會學了！」柯昀青開玩笑道。或許正是因為社會學如此「有用」，不僅能於柯昀青的工作過程與日常生活中幫助他與不同的人互動，也讓他可以更清楚彼此的處境，他才會對於這一門在初次接觸即讓他「眼睛一亮」的學科讚不絕口。

柯昀青將自己回到母系的講座以「誤闖冤案救援的社會學學徒告白」命名，或許他原本只想坦言自己進入平冤工作僅為意外，然而在其他人看來，這「告白」卻又同時像在對社會學傾訴愛意了。

（本文採訪於二〇二一年二月）

# 以同志認同為經，社會學為緯
## 台灣同志諮詢熱線協會秘書長杜思誠

#台灣同志諮詢熱線協會 #社會倡議 #去汙名化

撰文／林育葳

甫開啟視訊鏡頭，便難以忽略杜思誠背後的掛著彩虹裝飾品、佈滿五顏六色的海報的牆面，讓人感受到其所身處的同志諮詢熱線辦公室的活力。杜思誠，江湖人稱小杜，大學時期就讀法律系的他於大二雙主修社會學系，大學畢業後就讀社會學研究所，畢業後曾短暫擔任過政大社工所王增勇教授的研究助理，現則為同志諮詢熱線（以下簡稱熱線）的秘書長。

## 有溫度且能夠呼應生命經驗的學科

早在國小五、六年級時，杜思誠就察覺自己「喜歡班上男同學」，不過他並未因此認為自己是男同志，當時的主流社會所稱呼的「同性戀」仍多具污名意義，因此一直在大學前，他只認為自己喜歡的是男性，卻不認同「同性戀」身分，也幾乎沒有向任何人出櫃。直到進入大學後，杜思誠認識了一位男同志學長，與他一起參加了台大男同性戀社的迎新，並加入社團，他才開始認同自己的同志身分。「噢而且那個時候台大還不叫台大男同性戀社，是男同性戀『問題研究』社，因為它必須是個被研究的問題才能成立。」他調侃地補充。

逐漸認同自己的男同志身分以及同志社群的同時，杜思誠也漸漸發覺相較法律系的課，社會系的課程更有趣、更呼應他的生命經驗。

法律系的課對杜思誠而言是「冰冷」的知識，老師在上課中援引的行車糾紛、財產分配等案例往往與當時尚未出社會的杜思誠距離遙遠。另一方面，大一下修習陳東升老師的社會學丙時，他學習到如何以社會結構以及個人能動性等概念理解社會，認為每個社會學探討的議題都相當有趣，尤其陳東升老師的社會學課程也談及與他的生命經驗密切關聯的性別議題，讓他希望能對社會學有進一步的認識。

大二雙主修社會系以及申請婦女與性別研究學程後，杜思誠一直都對相關課程懷抱熱誠，也往往在這些課程獲得較法律系的課更高的成績。

大學畢業後的他因為想要試試看就讀研究所、親自從事獨立研究，但又認為當時尚不重視性別的法研所離自己過於遙遠，便投考許多學校的社會學研究所，最後進入台大社研所。

## 多元性別教育，打造性別友善的一磚一瓦

杜思誠大學時曾為男同性戀社的社長，卸去社長的職務後仍希望可以繼續參與社群工作，因此進入熱線服務，擔任義工，並於二〇一一年成為全職工作人員，至今已經在熱線服務近二十年。

大學擔任義工時，杜思誠首先進入教育小組服務。當時還是學生的他，比起一般上班族有更多平日的空檔至各個學校演講。演講的過程中，杜思誠並非僅分享生命經驗，也會運用社會學知識，幫助聽眾更了解同志的社會處境，同時也幫助自己看待並重新整理生命經驗。後來出於「性」相關議題的興趣以及與男同志緊密連結的愛滋污名，他投入愛滋小組，關注男男之間的性安全、性愉悅議題，以及愛滋污名與感染者人權相關議題，同時成為接線義工。二〇〇五年時，熱線的老年同志小組成立，因為老同小組欲進行口述史訪談，剛好開始念研究所並較熟悉訪談工作的杜

思誠便加入老同小組服務。

延續著義工時期的關懷，在擔任全職工作人員後，杜思誠其中一項重要業務就是多元性別教育，目的在破除不熟悉多元性別族群的人們的迷思。他試圖在現行教育制度中納入更多的多元性別友善觀點，更「教育」成年人——向公務員和醫療公衛人員介紹多元性別議題，藉此幫助他們理解同志的處境並因此能更加照顧到他們的需求。舉例而言，他曾到戶政事務所演講，討論如何透過空間的陳設使環境對多元性別更友善，或分享諸如跨性別者如何稱謂等日常事項，讓直接面對民眾的公務人員更認識跨性別者。

另外，他也曾建議政策制定者於政策中納入同志族群，以及在海報視覺或文案等宣傳載體中納入多元性別形象，例如在規劃育嬰補助時考量同志家庭、在文宣中置入同志家庭。在醫療照護領域杜思誠也與醫療公衛人員談話，分享同志的處境、需求。

與此同時，同性婚姻合法化後，有越來越多職場響應職場多元性別友善，因此杜思誠也向他們推廣相關政策，例如教導企業如何將性別敏感度置入員工的教育訓練中、或是同志家庭是否也可以享有原本適用於異性戀家庭的員工福利，以及如何透過利用彩虹旗等同志友善小物的裝飾職場，表達對多元性別的支持。

## 社會論述中與愛滋緊密相連的男同志

另一項杜思誠長期持續關注的議題為愛滋議題。過去的教育論述中往往將男同志列為愛滋的高危險群，讓杜思誠很早就意識到這個議題與自己很近，這樣的近距離不止是關係到自己的染疫風險，更關係到整個社會如何看待男同志、性與愛滋的污名。杜思誠的碩士論文即在吳嘉苓教授的指導之下，分析台灣愛滋研究中對於「多重性伴侶」的愛滋風險論述，並訪談男同志轟趴參與者，呈現他們對於場域中的風險認知及因應之道。

杜思誠參與的熱線愛滋小組也極力推廣愛滋去污名教育，透過辦理演講與講座、經營「爽歪歪男同志性愉悅性教育網站」提供男同志性愉悅和性安全教育，並透過社群網站進行宣導活動等方式，讓民眾更了解男同志族群的處境。此時，杜思誠過往受到的社會學訓練就有了發揮的空間。

舉例而言，現在新增的愛滋感染者中有許多案例都被歸因於不安全男男性行為，對於這樣的現象，過去常見的解釋是因為男同志多被視為高風險族群，因此會更積極地進行篩檢，而社會學提供杜思誠的「視角」讓他看見結構議題。對於男同志而言，學校的性教育仍多以教授異性間的安全性行為為主流，因此他們相對沒有完整的性知識，且即使台灣社會對多元性別趨於友善，部分的同志仍可能活在被排擠的恐懼中、甚至有受霸凌的經驗，這些經驗可能就會影響到一個人的認同、看待自己身體的方式，以及他的性互動。

除了推廣愛滋去污名教育，熱線也提供愛滋篩檢以及陪診的服務。不僅如此，杜思誠更與其他愛滋團體共同倡議，企圖改革愛滋政策。在愛滋的現行法規《人類免疫缺乏病毒傳染防治及感染者權益保障條例》中，若愛滋感染者在隱瞞自己感染者身分的情況下與他人發生危險性行為、並導致對方感染愛滋，即必須承擔與刑法重傷害罪同等的刑責，即使未造成他人感染也會受罰。然而，實務經驗中，大部分受罰的感染者均未造成對方感染。

杜思誠指出，很多時候坦承感染者身分或是進行安全性行為與否，都並非感染者一個人可以決定的。此外，規範對於「危險性行為」的定義也略顯過時，近年來已經愈來愈多科學證據支持「U＝U（Undetectable = Untransmittable）」的概念，發現若愛滋感染者穩定接受治療，病毒量有六個月以上都測不到的情況，即不會透過性行為傳染給其他人。此外，實務中也曾有過感染者與非感染者交往並發生感情糾紛時，非感染者以提出訴訟作為威脅感染者的手段。

其他傳染病防治法雖然也有相關規範，但規範都不像愛滋條例模糊，刑度也都不若愛滋條例這麼嚴重，因此愛滋團體藉由辦理相關講座與研討會，並與法律以及醫學專業合作，協助個案、整理個案經驗，以及於公共政策平台提案等多元管道，極力推動修法。前不久終於鬆動危險性行為的標準，並納入「U＝U」的概念。

## 倡議及社群服務中看見的美麗與哀愁

在推動婚姻平權議題的期間，無論是杜思誠、熱線，或是其他同運團體和支持者，皆投入許多心力於運動中，也經歷和學習到許多過往不曾經歷過的事情。比如藉由婚權運動參與全台最大型支持同志平權的會議籌備，以及學習如何透過媒體與立法委員和政府官員溝通來進行倡議。

熱線的業務廣泛，杜思誠不僅推動多元性別教育以及愛滋議題，也代表熱線進行國際串聯。由於台灣是亞洲地區同志議題「走得比較前面」的國家，偶爾會有國外的團體、運動者或是學者來台取經。杜思誠也會出國參與會議，分享台灣經驗，或是與國外團體進行合作，也藉此認識到每個國家同性婚姻合法化的方式都不盡相同，而台灣是少數修法立法、釋憲與公投都經歷過的國家。

「運動」途中也不乏挫折。例如二〇一八年的公投的挫敗，有些朋友因此結束自己的生命，運動者也因此有創傷經驗。但透過挫敗經驗，運動者們學習到如何跟別人進行對話、談論同志議題及破除假新聞，此外，有許多同志藉由出櫃與現身影響身邊親友的政治選擇，讓他們發現原來出櫃的影響不僅停留在個人層次，更可能發揮政治影響力，而這樣的影響力也影響了熱線日後的出櫃論述。

工作過程的感動與感觸不僅發生在運動中，陪伴愛滋感染者也是杜思誠工作過程中的深刻經驗。在過程中，杜思誠看見愛滋污名如何化為恐懼，讓人在面對疾病時不僅需要擔心健康，還必須擔心自己會不會被歧視、被拒絕，甚至親密關係發生斷裂。無論是倡議或是照護陪伴的過程中，這些在服務社群時看見的美麗與哀愁，都讓杜思誠認為這些議題必須做，而且應該持續做。

因此，抱持著對於同志社群的認同以及關懷，他以社會學知識為犁，將持續奮力耕耘多元性別議題！

（本文採訪於二〇二一年八月）

# 讓城市成為眾人探索的教室
# 城市浪人創辦者張希慈

#城市浪人 #人本思考 #體制外改革

撰文／嚴子晴

平日晚間的咖啡廳，打扮休閒的張希慈坐在角落，看不出來他大學剛畢業，就創辦以任務化的體驗鼓勵大學生進行探索的社會企業「城市浪人」，還在二〇一七年被《富比士雜誌》選為三十歲以下亞洲青年領袖之一。人生歷練十分豐富的他，在言談中卻不會給人過於鋒芒畢露的壓力，而是認真地聽著每個問題，時而低頭思索，最後流利地回應。舉手投足散發自信的同時，還給人一種不自覺想要跟他傾訴的溫暖氛圍，可以感受到他長期投入在需要大量跟不同的人接觸，解決他們問題的工作中培養出來的特質。

對他來說，這個社會上各種問題如果要改善的確需要一環扣著一環的解決方法，但是一切改革最終都要回歸實現在每個個體的轉變。喜歡跟人相處的他，決定要為社會創造讓改變可以在每個人身上看見的契機。

## 尋找問題的解方

張希慈國中時，就隱約察覺到社會運作有許多「潛規則」，像是老師會用不同態度對待不同家庭背景出生的同學，他看見潛規則的輪廓，可是無法理解它為什麼存在。直到參加高中生人文及社會科學營跟台大社會營之後，他才明白國中觀察到的就是所謂的階級不平等，也認識到性別平等跟土地正義等議題，感動於社會學的核心關懷，讓張希慈下定決心就讀社會學系。上大學後，張希慈積極參加偏鄉服務隊、交流團等各種活動，也花費很多的心思在課業上。隨著他越深入了解社會學，新的困惑卻隨之而來，他了解社會上存在著各種問題，更可以用不同的理論去解釋這些問題的成因，可是再用功都沒辦法在書上找到解決問題的答案，徒留面對龐大結構而不知該從何著手改變的挫折感。

當這股疑惑遇上當時在台灣蔚然成風的社會企業模式，強調成立以一套可財務自主的營運手段的企業來解決社會問題，張希慈發現利用這樣的模式，社會問題有可以被解決的可能，便決心投入這個領域，利用去中國交換的機會研究當地的社會企業。

成為台大推廣社會企業理念的社團——社會創新社的社長後，張希慈為了更順利的帶領團隊，於是在大四時申請領導學程，成為日後的重要契機，他所創辦的「城市浪人」雖然這時還未見雛形，但是這些思考跟經驗都成為未來的重要養分。

## 流浪挑戰賽，建立青年與真實世界的橋樑

因為領導學程的一個團體作業，張希慈與同學一起舉辦了「流浪挑戰賽」，藉由破關式的遊戲化設計，引導參加者一關接一關的進行平常不會主動嘗試的活動，例如跟陌生人開啟對話、關懷街友、一整天不使用3C產品等。

有了第一次的經驗，他們發現這樣的方法可以促使生活受限在校園中的學生在認識社會之餘進行自我探索，因此創立社會企業「城市浪人」，將流浪挑戰賽制度化。流浪挑戰賽的制度設計，是讓三個大學生組隊，利用三周的時間闖關完成三十項任務，任務的種類五花八門，但仔細觀察

又可以發現城市浪人團隊在其中的用心之處。這三十項任務可以分成自我覺察、冒險挑戰、連結再造、社會參與這四個面向，也就是當學生們攻略完成所有的任務，同時就代表參加者打破一成不變的生活，反思自己的生命意義，踏出舒適圈與外在世界建立連結，並藉此進行社會參與。透過這套讓參加者邊玩邊學習的設計，城市浪人創辦八年來，成功觸及一萬多個大學生，更透過海外授權模式讓影響力延伸到國外，至今已經在中國、日本、馬來西亞的多個城市都可以看到流浪挑戰賽的影子。

除了透過城市浪人幫助大學生進行自我實現，張希慈也在城市浪人的營運中實踐其他影響力。他提到社會企業的核心就是希望透過商業模式來解決社會上的問題、創造共好，但是社會共好跟追求利益最大化的商業模式這兩個相反的理念常常有所衝突，所以他也很努力取得兩邊的平衡。像是一般公司會將他們成功的經驗視為商業機密，擔心分享出去會影響獲利，但是城市浪人的做法是大方地將他們歷年來規劃活動或是申請補助的經驗與資料分享給其他團隊，同時評估對方的能力，請他們給予能力所及的回饋，這樣一來既可以帶領整個業界一起成長，又不會為了助人而失去城市浪人營運的平衡。張希慈說海外授權模式也是一樣的道理，授權給其他國家的團隊舉辦流浪挑戰賽雖然不會直接讓城市浪人受益，但是幫助到海外年輕人的同時，城市浪人的知名度也在擴大，創造更多的合作機會，讓兩邊都同時有所收穫。

城市浪人的理念也曾經遭受過別人的質疑「才參加一場活動是能改變什麼？」面對這些批評

的聲浪，張希慈始終沒有被動搖，因為他對城市浪人的定位早就想得清楚，就是創造改變的契機。不需要特殊經歷，只要付一筆小額的報名費，就可以參加城市浪人舉辦的活動。

「雖然我們會要求參加者寫一份報名動機，可是你的報名動機再爛我們都收，就是想給每個人一個機會。」張希慈認為現在常見的幫助青年探索的活動其實都有一定的門檻，要求大學生穿正裝、講英文，或是要有實習的經驗，對那些零經驗、生活也沒什麼目標的學生，他們即使有心想踏出改變的第一步，也會被阻擋在門檻以外。

一直以來，城市浪人就堅持以「低階、低門檻的大學生培力」為定位，廣泛的接觸大學生。至於改變的能量要如何延續呢？張希慈表示若是有人因此找到想要深入鑽研的領域，就會鼓勵他們去參與其他的組織，挑戰門檻較高的活動，他說：「學著把問題留給其他人，是城市浪人在後面幾年我覺得很重要的課題。」

## 不純粹的社會學家，從微觀層次改變社會

回歸到城市浪人的初心，究竟為什麼需要用這種方式推動大學生進行踏出舒適圈、進行自我探索呢？張希慈認為台灣的教育體制並沒有讓學生認識到整個社會的運行是什麼樣子，他們是社

會的一份子卻只能在校園內接收有限的資訊跟填鴨的教育，但又期待這群不了解社會的學生可以成為社會的中流砥柱。在這個過程中，學生也會覺得很不知所措，不知道生命的意義或目標，因此有了城市浪人的誕生。

接觸到大量迷惘的學生後，張希慈發現改變不能只停留在大學，更試圖為前一個教育階段——高中——帶來改變，因此催生出「教育種子計畫」。他親自到五間高中開設多元選修，讓高中生舉辦比賽給全校參加。而為了擺脫台灣學生一個口令一個動作的習慣，張希慈先讓學生理解準備比賽的意義是什麼，後續規劃就放手讓學生自由發揮，培養他們主動思考、提問的能力，不會主動提供任何建議。他說：「但是，我全程都陪伴在這群高中生身邊，讓他們知道有人相信他們一定可以做到，一旦學生提出任何問題就可以馬上解答。」

課程最後獲得高中生的熱烈回響，張希慈也將這次的經驗寫成教案分享出去。然而，他發現這樣的經驗沒辦法只靠他自己推動就在校園內大量複製，需要涉及升學制度的改變才有可能將影響範圍擴及全國，也是單靠城市浪人難以做到的。

張希慈曾試圖進入體制內進行改革，他擔任過兩年的教育部青年諮詢委員，有機會透過提案影響具體政策。「但我發現自己什麼案子都提不出來。」張希慈認為自己是一個「不純粹的社會學家」，雖然自己在社會學的訓練之下，可以很清楚的看見結構的運作，可是當他試著要從巨觀的層次帶來改變時卻會不知道該從何下手，只有回歸到微觀的層次上才更得心應手。

可以直接對體制帶來影響固然重要，但是張希慈找到了更適合自己的戰鬥位置——在體制外創造微小卻眾多的改變。

## 邁向下一個里程碑

其實二〇二〇年張希慈就卸任城市浪人執行長的位置，想要去嘗試其他有興趣的事物，可是原訂的計畫被突如其來的疫情打亂，曾經一度陷入找不到工作、每天只剩下思考三餐要吃什麼的窘境。但是，向來樂於挑戰新事物的張希慈，把握每一個機會，於是結束穩定工作的他，曾做過原住民旅遊節目的主持、發表母校北一女的公民教育轉變的研究論文、設計台灣性別平等週的遊戲互動網站等多項工作，從此開啟接案的生活模式。

不管從事什麼樣的工作，張希慈總是謹記社會學帶給他的，努力成為一個專業又溫暖的人。

（本文採訪於二〇二一年三月）

# 社會學關懷的實作家
# 專訪衣服圖書館創辦人洪于捷

撰文／陳芸霑

#衣服圖書館 #改變結構 #去中心化

週六晚間的咖啡廳裡略為吵雜，但洪于捷說話的聲音彷彿隔絕出了一個小世界，尤其在他說起公司的未來藍圖時，那種對志業的追尋十分撼動人心。

洪于捷是台大社會系系友，也是衣服圖書館的創辦人，畢業尚未滿三年，他的公司已經慢慢步上軌道。

說起目前的工作，他笑著說：「你要談我工作我一定很商業，這沒有辦法。」但每次談到衣服圖書館的定位或目標，洪于捷總會說出「解決社會問題」、「處理結構的問題」等承載某些社會學理想的關鍵字。既理想又務實的他，從來不好高騖遠或眼高手低，而是選擇以最適合的方式，一步一步實作出自己的社會學關懷。

## 想要解決問題：衣服圖書館的起點

高中時因為社會系學長而認識都更問題的洪于捷，開始想改變、想了解這些事情為何發生，所以選擇轉組，並順利考入社會系。然而，他卻一度痛苦到萌生轉系的念頭，當面對社會系討論的那些「很大的問題」，他常常找不到意義和自己的能動性，面對似乎太過穩固的社會結構，他說：「我無力感變得非常強。」

直到大三時，洪于捷誤打誤撞地選了陳東升老師開設的選修「社會經濟組織的創新與設計」，才找到消去無力感的方法。這堂課不只有社會企業的個案分析、參訪和理論學習，還包含各組的專案發想。每一個專案都有一個想要解決的問題，以及經過眾人拼命批評後產出的短、中、長期發展企劃。因為課程所強調的「實作」，讓他看到社會學可以走的另一條路，他說這是他最認真上的一堂課。為了將課程要求做到最好，他前一天甚至不會睡覺，而「衣服圖書館」便是在這堂課上誕生。

為什麼選擇「衣服」這個議題？在參訪許多新創組織後，洪于捷發現生活的食衣住行中，衣服很少被討論，但他認為衣服會影響到一個人如何被他人看待。

起初，他關注的是衣服的取得與階級的關聯，也開始思考衣服流通與共享的可能。然而，當他實際踏入此領域後，他發現和他先前所想不同——問題不是衣服太貴，而是太便宜了。快時尚產業的經營模式刻意降低衣服的價格，促使大眾不斷消費，但過度消費的後果是大量的閒置衣物以及資源的浪費，並不符合永續消費的原則，反而造成嚴重的環境問題。

洪于捷指出，台灣每年有兩億三千萬件衣服被丟入舊衣回收箱，但少有人知道最後百分之七十的衣服進了焚化爐，並未重新被利用。

看見問題並考慮解決方法的可行性後，衣服圖書館選擇處理的問題是「如何讓還好好的衣服回到市場上」。

## 堅持「做事」，走向創業

洪于捷從面向台大的調查出發，指出三百個樣本中，有百分之七十二的女學生有意願穿二手衣，但只有百分之五十三曾有二手交易經驗。問題就在於當這些人想進行交易時，市場中缺乏清楚的資訊和適合的管道，這可能使他們選擇購買同樣便宜的快時尚服飾。在此前提下，他認為衣服圖書館若能成為交易平台與媒介，可以降低二手衣交易的阻力，提高人們交易的可能性。也就是從改變結構、提供管道開始，讓二手衣可以回到市場上流通，達成環境永續的目標，解決部分衣服的問題，所以他開始朝此目標前進。

從課堂的專案開始，衣服圖書館並未止步於發想，而是按照計畫一步步實踐。大四時，洪于捷依照短期的規劃開始在宿舍裡推行實體的「共享衣櫃」：替不穿的衣服寫一張故事小卡，並將衣服放入衣櫃讓他人拿去穿。當時他將心力放在經營社群上，從使用者社群中招募站長協助管理，而網路行銷、舉辦實體活動都是輔助的手段之一。他十分重視社群以及「去中心化」的運作模式，因為社會系的訓練讓他理解到管理並非一個人的事。

畢業後，考慮到衣服或快時尚議題並非社會直觀上會關注或認為具迫切性的議題，洪于捷選擇將團隊轉型為新創公司，期待透過營利事業的模式，讓衣服圖書館得以規模化、永續地處理問題。被問及衣服圖書館的未來走向，他提到他們想做的不是倡議，而是實際的解決問題，因為「每條路都要有人走」。他認為倡議有很多人在做，但「做事的人太少」，所以他希望透過具體的行動去創造改變。

公司成立後，洪于捷的工作項目越來越多。他經常到處去簡報，有時是和投資人募資，有時是參與商業競賽。

「不能那麼走社會企業的路線。」洪于捷說為了企業的存續，必須將商業模式解釋清楚，彰顯自身產品的價值。他也花費大量時間處理產品APP的問題，例如和工程師溝通、排APP的開發進度等。此外，他也留部分心力在行銷的布局上，籌備許多實體活動，或是寫專欄文章論述議題的重要性等等。例如前陣子他以電影《孟加拉製造》為主題，點出時尚產業在前端成衣製造業的勞權問題，呼籲人們去注意產業背後的議題、體認消費亦是一種價值選擇，進而鼓勵改變。雖然創業的過程並不容易，但他認為相比起其他新創公司，社會學告訴他「不要檢討人，檢討這個結構發生什麼問題」，所以他在管理時得以解決根本的問題。

## 學以致用，「實作」社會學關懷

在營利與非營利、倡議與實作之間早已做出抉擇的洪于捷，有時會面臨系上同學對「營利」的疑惑，例如在創業起初，他必須要說服同系的夥伴為什麼要營利，但如今他的眼中沒有徬徨和茫然，只有經歷一次次慎重思考後的篤定和踏實。因陳東升老師的課程而廣闊的視野、度過的磨練，讓他更了解應該如何設定衣服圖書館的發展計劃，也在穩紮穩打前進的同時，仍然不忘社會學的關懷，逐步實踐最初的理念，解決廢棄衣物過多造成浪費的問題。

回憶過去在社會系的學習中感到絕望、痛苦的自己時，他已經能平靜地提起那段時光，他說：「我後來發現，是當你開始做事情的時候，你才不會覺得自己很無力。」對他來說，能夠實作且看見可能改變的結局是最重要的，這也是他持續投入衣服圖書館的原因。

完全投入實作和新創的洪于捷，常常覺得自己是「很不認真的社會系學生」，因此感到愧對。但其實殊途同歸，就像他經常掛在嘴邊的「每條路都要有人走」，無論走向學術界、非營利組織等等，目的都是追求改變。而他不過是選了另一種學以致用的方式：在「實作」中，擁抱自己的社會學關懷。

（本文採訪於二〇二〇年十一月）

# 眾力發電的溫柔革命
# 陽光伏特家創辦人陳惠萍

#陽光伏特家 #知識轉譯 #綠能公益

撰文／李秉純

「今天天氣真好！」從辦公室的窗戶向外望，陽光普照，關注著發電資訊的民眾也在惦念自己的太陽能板能發多少電。約訪時間已到，前一個採訪團隊仍在陳惠萍的辦公室中暢談，這樣緊湊的行程是陳惠萍的日常也是他的工作——與形形色色對綠能感興趣的人們見面，推廣陽光伏特家的理念、透過言說及串連使更多公民參與台灣的綠能未來。

陽光伏特家創立於二〇一五年，作為台灣第一個綠能群眾參與平台，招募民眾、企業、政府機關出租屋頂，整合後以片為單位釋出一般人可以負擔的太陽能板認購方案，媒合兩者，出租者能收取回饋金、認購者也可獲得售電收入——使常民得以參與綠能發電。此外，陽光伏特家也結合公益作法，把綠電收益轉化為社會福利、弱勢支持的資源。

## 從研究者到實踐者：提出問題、改變社會

一路念到博士班卻投入與社會學看似無關的綠能科技創業，陳惠萍從一個學院中的研究者轉變為理想的實踐者，這與他在台大社會系所看見知識社群對於社會責任的實踐有關。SARS爆發時，社會系的老師合力架設網站以傳播正確的疫情資訊給公眾，讓他理解到做學術不只是知識的耕耘，「知識所耕耘出來的還可以轉化成影響或是改變社會的一種工具、武器、資源，其實我們是擁有力量的。回到社會學，我們所耕耘的就是這個社會。」在這裡，他看見學術社群如何把象牙塔裡的知識轉化、落實，接壤真實社會並且轉而改變之。

「作為一個研究者我們把問題提出來，然後呢？」見證了知識社群如何影響社會，他自己的身分轉化則是起始於二〇〇八年莫拉克風災時，在屏東見證了人們如何透過養水種電達成重建家園，看見人如何與創新綠能科技共榮。然而，三年後的福島核災揭示的卻是能源與科技帶來的世

紀災難。他感到能源議題的切身性，身處擁有四個核電廠的台灣，覺得自己不能再置身事外。他思考著：「不要核能，那我要什麼？」在想要創造改變的起心動念下，他帶著一批福島核災受災家庭的孩子來到台灣，與屏東發展養水種電的居民見面，兩群同受災難所苦的人得以彼此鼓舞，他也自此獲得能量。籌措此行資金的過程中，陳惠萍曾申請計畫卻未獲贊助，儘管最後因遇見一位天使贊助人而順利實現，但他也因此意識到需要自給自足的模式，才能使改變的力量永續。

從「我們要／不要什麼能源？」的疑惑出發，博士論文完成後，陳惠萍關心的問題聚焦於為何台灣人對於太陽光電「不」參與、「不」使用？並且，要如何才能促進國內再生能源的普及化？此時，他碰巧遇上來自理工背景的夥伴也想要以新商業模式推廣常民參與綠能，不同科系的人帶著各自的專業與共同理想，陽光伏特家就此成立。

## 與雞蛋站在一起——重視「人」的發展模式

二〇一五年的社會系小畢典，范雲老師提醒學生們「成為解方的一部分」，對陳惠萍而言，創業便是他為了解決社會問題所採取的行動。在實踐商業模式的道路上，陳惠萍認為應該要把社會與人放在優先順位。陽光伏特家推出的便是「資本主義下被買單的商品」，從關心公民參與的社會層面出發，納入環境保護與經濟發展並取得三者的平衡，發展出不同於經濟先行而衍生出社會問題的商業模式。

陽光伏特家是把陳惠萍博士論文的研究框架轉變為行動方案。論文撰寫過程中，陳惠萍了解到「科技的發展要能推動必須是在社會技術網絡的驅動底下」，政策制度、經濟體制和社會參與者都須納入考慮，從多重層面打造行動者的社會技術網絡，而非只關注科技進展。

陳惠萍笑稱他的工作是在交朋友——把陽光伏特家的理念分享給中央機構、地方政府、社福機構、企業、非營利組織等等行動者，說服不同位置、擁有不同資源的人相信台灣民眾是「想參與而無法參與綠電」，並且提供管道、激發眾人以自己的方式投入發電。

「只要你開始走、開始說、開始傳遞，會發現原來這個世界上有很多認同你的理念的人可以一起走，你不是一個人。」秉持這個想法，一方面陳惠萍遊走地方政府、說服提供屋頂，讓公有用地作為公民電廠來發揮公有價值，推動綠能時能親身示範，帶動公民對於綠能的認識也提高政策支持度。另一方面則積極和企業合作，在既有的CSR架構下和企業討論公益方案。不同於過去直接捐錢給社福組織，陳惠萍提出「綠能公益」方案，使企業出資為社福機構建造太陽光電系統，不僅減碳還能做公益。對企業而言還可進一步購買綠能公益的電力及憑證——此舉不僅能滿足「企業綠電責任」，也使其產品符合國際碳足跡標準而提升貿易競爭力。

「我們把『人』當作平台很重要的價值，找很多人來建構對綠能發展有熱忱跟參與的社群。」面對後進仿效陽光伏特家商業模式的媒合平台，陳惠萍的核心價值是他們根本上的與眾不同之處。市面上漸漸出現類似平台，但其標舉的多是綠能可以如何賺取收益、如何斤斤計較利潤。不同於此，陽光伏特家的官網上提供多元的綠電參與模式、架設透明化的發電監測系統、建立部落格分享能源大小事和用戶回饋。

「要讓綠能的好處是所有的人都參與和共享、不遺落任何人，所以才有公益模式，透過綠能發展兼顧社會弱勢者的需求，讓綠能變成資源幫助他們。」這是陳惠萍帶著社會學關注不平等的眼睛所注意到的。

如同陳惠萍非常喜歡的村上春樹名句：「在雞蛋和高牆之間，我永遠選擇站在雞蛋這一方。」與雞蛋站在一起的他，橋接多方行動者參與公益，不僅有企業資金挹注，也試圖把電力帶入社福機構、部落及偏鄉。「再好的發展如果犧牲了某些人或是造成某些人在過程中被遺落，我都覺得這不是一個好的發展。」陽光伏特家的發展便是創造一種共好理念實踐，用溫暖陽光和群眾動能一起點亮台灣更多角落。

## 知識的轉譯者——以常民的語言促進公共溝通

陽光伏特家的成立初衷是希望增進台灣公民對太陽能光電的在地參與，將過往發電端的供應廠與模組廠和系統應用間的斷裂接起，把分散、小型而看似沒有經濟效益的個體轉換成具競爭力的平台商業模式。這樣從人的網絡與常民使用切入的思考，也是公司成立後持續關注的重點，遂致力於創建簡單好看的介面與清楚的資訊呈現，以降低民眾參與的門檻，官網上也可以看到告白伏特家專欄有使用者回饋，足見其與行動初衷的緊密扣合。

陳惠萍自認在能源議題上與一般人無異，對於電量單位換算等一開始也不太了解，「但這也是我們的優勢，我們（具社會學背景者）更知道一般人怎麼想，能夠去轉換技術的語彙變成常民的語彙，用可以理解的價值或方式再去說服其他人。」因此，陳惠萍更努力扮演知識轉譯者的角色，看似是跨領域的阻礙，他卻視為社會學背景的加分效果：「研究累積出對政策的、對常民的理解，建立網絡的能力、知道如何接地氣，把手伸進去社會擾動這件事情，就是我們擅長的。」

轉譯的成果體現於民眾和伏特家一起關心躉售電價、政策走向，許多參與者也樂意在網路上分享，提高大眾對綠能的支持度和認同感——人與能源的距離在這裡被拉近了。有丈夫打電話來說要買一片太陽能板送給太太、有爸媽將太陽能板當作孩子的成年禮以預留二十年後的收益和環境未來——太陽能板不僅僅是製造了能源，也在不同人的理解下被賦予了多重價值意義。

## 一起前行的溫柔革命

來自社會學的溫柔關懷與堅毅行動並存，是陳惠萍在指導教授吳嘉苓老師身上看到十分敬佩的特質：「這種溫柔革命會讓被改變者覺得『咦？這好像這是一個不錯的方式』，並且可以召喚大家和你去思考更好的可能。」如同陽光伏特家的商業模式，對於弱勢、一般民眾、企業、政府而言，都能在這裡找到自己的行動方式。

面對社會的不美好，陳惠萍認為要創造改變則要先改變自己，從自己對於結構問題的覺醒出發，起身喚起更多人，人的能動性也因為集結眾人之力而更加放大。因此群眾募資對他而言是一種創造改變的行動方式，甚至是網路的社會運動——提供輕鬆多元的模式以觸動不同社會位置的人用自己的方式參與能源轉型。陳惠萍說：「社會學相信人是創造結構的主體，所以最終我們一定能夠找到改變的可能。」在台灣的能源轉型道路上，一場溫柔革命正在陽光下由眾人一起推動，朝向共作共好的未來走去。

（本文採訪於二〇二〇年十一月）

# 以程式語言解放深度報導的潛能
## 鏡傳媒前端工程師林昱帆

#前端工程師 #媒介 #去分工化

撰文／柯亮宇

週二傍晚六點，在一間轉角咖啡廳的窗邊，林昱帆一身居家打扮現身。原來他身為工程師，平時實行線上打卡上下班，除了參加部門會議，平常不需要進公司，因此在疫情來臨之前就已經習慣在家上班。

林昱帆當年學測第一志願就是台大社會系。

嚮往媒體業的他在大學階段曾到網路媒體「端傳媒」擔任實習記者，因此決定留在媒體業，但是從頭學起網頁程式設計。

他現在任職於鏡週刊程式設計中心及其子品牌 READr，擔任前端工程師，負責報導網頁的技術工程、開發新型態的報導方式，以及鏡傳媒入口網站的維護等等。

## 從高中校刊社到實習記者

回想起來，林昱帆和媒體與社會學的相遇，是在高中參加校刊社的時候。當時讀社會學的學長回來帶讀書會，讀台大經濟系駱明慶教授的著名論文〈誰是台大學生？〉，介紹社會學所關注的階級問題。社會學潛入他的眼底，在他觀看世界時，會反身性地看見自己的位置，並從中瞭解自己認知的主觀與偏誤。逐漸對社會學產生興趣的他，也因此將台大社會系當成第一志願。

而校刊社的經驗也讓林昱帆一直以記者為職業的首選。在大三那年，他到「故事」與「端傳媒」兩家性質不同的網路媒體實習。在端傳媒的第一篇深度報導〈眾神凱道進香記：宮廟如何「串聯」彼此到總統府遊行？〉，他跟著編輯上凱道，訪問「反對環保署禁香政策」的遊行參與者，寫政策對信眾的影響。這篇文章的一大特色，是用了不小篇幅探討「香」作為信仰的「物質基礎」，這也是林昱帆認為社會學訓練對媒體工作的重要助益：「（學過社會學）會比較多切角、比較知道題目還有哪些方面可以探討，比如說採訪禁香的議題，因為剛好在學宗教社會學，知道『香火』的意涵其實非常有趣。」他認為社會學有助於把一個題目挖深，別於大多數媒體互相抄襲、重複性高的報導，社會學帶來視角的轉換，也提供做報導的不同模式，比如如何查找、篩選、驗證資料，讓報導脫穎而出，寫出有趣且具差異性的內容。

然而，實習的一年當中，林昱帆卻漸漸發現自己並不是那麼適合這個工作。他認知到寫字作為一種工作，與作為興趣的狀態相去甚遠，「寫作這個東西，我有興趣可能是因為它沒有時間限制，可以照我的步調去走。但你當記者，可能就要很短時間去發展題目，其實壓力很大。」他發現自己在短時間下難有好的產出，這也讓他重新思考自己適不適合文字記者的工作。

## 一位讀社會學的工程師

就在重新定位方向之際，林昱帆對逐漸興起的「前端工程師」一職產生興趣。「近幾年媒體真的去結合網頁的特性，讓單純的文字報導變得更有趣。甚至不單純只是文字，而是直接把網頁當成一種媒介，去對不同主題做更多不同形式的產出。」與過去只是將文字報導放在網頁供人瀏覽的概念不同，現在比較有心的網路媒體，會為他們的專題報導製作與讀者互動的介面，甚至開發小型的網頁遊戲。

但一切也並非一帆風順，作為非本科系的學生，甚至從人文社會領域跨界成為工程師，他坦承一開始沒有基礎，其實很容易卡關、想放棄。但也還好程式設計做為一種相對開放的技術，有許多網路上的資源可供自學者取用、練習，他漸漸跨過門檻，得到進入聯合報新媒體中心實習的機會，並在後來進入鏡週刊的程式設計中心擔任前端工程師。

二〇二〇年爆發的新冠肺炎疫情，曾讓台灣掀起「口罩荒」，藥局門口每天大排長龍。隨著政府向民間開放健保連線資料，READr 搶先推出第一個網路媒體版本的口罩地圖，專屬於手機的介面，優化了公版口罩地圖的使用者體驗。這正是林昱帆熬夜趕工的成果，從取得資料到產出地圖，大概只有一天來搭建這個平台。而這只是林昱帆的其中一個任務，身為鏡週刊集團的前端工程師，他還負責週刊入口網站的維護，以及各式報導的網頁技術工程。他說，前端工程師的工作，就是運用熟稔不同媒介的技術，將有趣的資訊變得更易讀，且深入人心。

至於社會學的訓練之於工程師，林昱帆坦言並沒有太大的影響。但他提到近年來，新興媒體業愈發傾向「去分工化」——由不同職位、專業的同仁共同產製新聞內容，因此若工程師願意積極參與媒體產製的過程，社會學就能派上用場。以自身為例，二〇二〇年總統大選時，READr 寫過一篇〈實際調查千名韓粉英粉：造勢場合裡的『台灣共識』〉的報導，透過記者走訪造勢場合做大規模調查，想了解雙方支持者對民主想像的差異。當這個案子提到部門會議討論時，雖然擔任前端工程師，但修過社會研究量化方法的林昱帆，就注意到「民主」在定義與測量上的困難之處。「假設一開始沒有定義清楚民主的面相，你到時候做出來的東西可能是一個……當然大家看得是很爽，但是以學術角度來看就沒什麼參考性質。」他還為此翻出大一必修「社會統計」的上課簡報，對照該報導的問卷設計與調查計畫。

## 新時代的媒體環境，站穩自己的戰鬥位置

林昱帆說，工程師在一篇報導的戰鬥位置就是一個讓記者想像成真的技術實現者。他目前的專題幾乎以網頁發想為主，通常會由記者針對報導的內容以及想要傳達的氣氛，在腦袋中設計一個風格。但當記者想做到一種效果，卻可能不知道風格具體展現的形式，或是金錢與時間成本的考量等技術層面的可行性，這時候工程師就是他的諮詢對象，甚至因為熟稔不同形式的操作技術，能夠主動提供能讓報導更好呈現的方式。像是READr過去的專題報導〈40年・致民主：重回美麗島現場〉，就是林昱帆根據文字記者提供的原料，以及設計師對於報導風格與呈現方式的想法，將文字鑲嵌在美麗島大審的歷史文件與照片之中，讓單薄的文字報導在網頁上，展現出類似戲劇或博物館主題展覽的效果。

但林昱帆的想像並不滿足於此，他提到自己心目中理想的媒體形式，不該限縮在網站的報

導，「而是去看你想做的主題，有哪些視角、面向可以去抓，那什麼樣的媒介最適合這個主題去呈現。」。他曾看到一家國外媒體，會依據主題來選擇呈現的方式，不論是漫畫，或甚至舞台劇的演出，他為之欽佩。「每個媒介都有他自己的優點和缺點，那一個厲害的媒體，是能在有限的資源和時間內，用不同媒介做最完美的呈現。」而他認為現在科技也讓這一切越來越有可能發生。在這樣的理想之下，工程師，乃至於所有報導的技術實現者，在媒體中就會佔有更為多元且重要的角色。

## 在工作與生活之中，社會學作為一種心法

回想大學時期上過的課，林昱帆認為是一個引子，雖然不會太深入，但可以啟發觀點。社會學的知識就如同程式語言的語法一樣是無邊無界的，所以要從課堂帶走的東西，應該是它看待這個世界的視角。現在的他還會偶爾找社會學的期刊來翻閱，博覽時下有趣的社會議題或觀點，再接續這些觀點或主題上的啟發，針對有興趣的領域，自己探索更深入的知識。

而如同社會學對深度報導的幫助，社會學的訓練也改變他日常的思考方式，會「把一件事情挖得很深」，面對每件事情或議題時，盡量克制自己不要武斷地踩定立場，而是更深入地了解後才做判斷。或許，真的很難直接說出社會學非常具體的影響，它反而以一種很幽微的方式在生活

中處處現身。對此他打了一個比方，「社會學我覺得比較像是一個心法，如果不跟其他主題結合的話可能沒什麼用，但是如果你可以跟你的生活、或是跟你工作上的主題結合的話，會多出別人一些東西。畢竟多一種視角，就是多一種解讀世界的方式。」

（本文採訪於二〇二〇年十月）

# 做女籃的發聲者 Double Pump 女子籃球誌創辦人潘郡瑤

撰文／陳芸霽

#DoublePump 女子籃球誌 #性別建構 #媒體經營

相約大樓的辦公室中，雖然屋外陰雨陣陣，潘郡瑤的話語卻仍然溫暖且帶著滿滿的活力，就像是女子籃球誌創辦的初衷一樣讓人感到暖和。

意識到女籃以及女性運動的缺乏關注，在就讀社研所時，潘郡瑤便和志同道合的夥伴創辦了「Double Pump 女子籃球誌」，一個專門報導女籃的社群媒體。他們的目的是讓不分年齡的女性籃球員、各層級的女籃比賽都能夠被社會看見，希望有一天讓更多人知道「女籃的比賽也很精彩」。

## 運動不只是個人的事：逐漸睜開的社會學之眼

潘郡瑤大學就讀政大歐語系，是社研所的系友，雖然和社會學的相遇不算早，但他早已因個人經驗有了打開社會學之眼的契機，意識到女性在運動領域中曖昧不明的位置。小學時，即使他與哥哥同樣就讀體育班，他卻隱約感受到社會對男性和女性投射了特定的期待，例如相較於女性，男性更常被鼓勵就讀體育班。上大學後，他加入了政大的籃球校隊。隨著接觸籃球運動、比賽的頻率提高，他看見女籃在媒體轉播、報導上的匱乏，而且關注度遠遠不如男籃。當時他想著「一定有一個更大的東西在後面去影響這件事情」，為了探究現象背後的脈絡，潘郡瑤修了性別研究專題以及性別社會學，逐漸認識到性別的社會建構，以及被視為「陽剛」的運動與傳統上被要求「陰柔」的女性之間的格格不入。

大五時，潘郡瑤到德國交換，在那裡他發現了一本討論女性主義與女性運動的雜誌，也開啟了新的視野。因為過去他從未想過市面上可能存在這種主題的雜誌，這使他開始思考「在台灣能夠做什麼」，也更希望進一步了解整個體系如何被建構。加上性別社會學給他的啟發，他決定報考社研所，學習用不同的角度來認識這個世界。說起社研所對他的影響，他坦言因為過去打球、看球的經歷，常常落入個人主義式的思考方式，只從球員或觀眾等身分出發來思考這些問題。但社研所的課程幫助他看見結構的存在以及個人和結構之間的互動，讓他得以超越既有的框架，從不一樣的角度重新看待女性運動或女籃存在的問題，也開始思考可行的解決方式。

## 看見改變的可能：投入媒體經營

潘郡瑤進入社會所後，深受參與過許多社會運動的同學、老師影響，從他們身上看見了個人的能動性，加上正好碰上三一八學運，也到現場去參與的他了解到「實際參與能夠改變很多事情」，也體認到當集結眾人的力量一起投入，改變並非不可能發生。在這種勇於行動的氛圍中，他決定和過去的隊友創辦「Double Pump 女子籃球誌」。

潘郡瑤發現女籃缺乏關注度的困境並不是源自沒有比賽或是不如男籃精彩，而是社會更傾向於推崇符合陽剛氣質的男子運動，所以他理解要從根本解決此問題、改變社會氛圍並不容易。而他們的想法很簡單：既然女籃缺乏關注度，那他們就來當提高他們曝光度的推手，用親身參與來創造改變的契機。除此之外，他們也注意到過去一般媒體針對女籃的報導往往會強調「長腿妹、漂亮寶貝」等具煽動性的詞彙，強化刻板印象的同時也忽略了女性籃球員的主體性，因此

「Double Pump」也強調他們是具有性別意識的媒體，希望將報導的焦點擺在這些球員的故事、在場上的表現等，而不是反覆談論他們的外表。

「Double Pump」的意思是什麼？潘郡瑤笑著回答這是「拉桿」的英文術語。因為這個技巧困難度高，即使女性運動員也能做出這個動作，轉播時卻經常被稱為「男生的動作」，所以他們將它挪用為媒體的名稱，希望藉此翻轉女性籃球的定義，也告訴這個社會，無論籃球或者拉桿皆「不是專屬於男性」，女性也可以做得很好。懷著這樣的願景，「Double Pump 女子籃球誌」已經走到了第六年，是台灣唯一一家專門報導女性籃球的媒體。雖然作為先行者，這條路注定不會非常順暢，收入較低、推廣的成效不顯著等皆是家常便飯，但潘郡瑤說，因為不斷從女籃的球員身上獲得許多正面的回饋，他反而更加投入自己的工作，在社研所畢業後也毫不猶豫地繼續「Double Pump」的經營。

## 不只是媒體工作：成為支持女性需求的力量

作為共同創辦人之一，潘郡瑤最主要的工作是採訪和寫報導，雖然主要對象是女性籃球員，但他們的採訪遍及國中、高中、大學、職業等層級，甚至也曾遠赴印度報導國際賽事。不只播報比賽，他們也會撰寫個人專訪，讓球員的故事有機會為人所知。不過他們和運動員之間並不是單純的記者與受訪者的關係，而是「一種 sisterhood 的感覺」，潘郡瑤說，就像是建立了一個情感緊密的社群，和這些新聞的主要受眾——女籃的粉絲之間也是如此。他們多半原先就喜歡看女籃，在「Double Pump」成立後更有了直接便利的管道，因此非常忠誠地支持「Double Pump」。這種特殊的連帶是他認為他們雖然走得並不容易，但可以堅持下去並期待更多可能的原因。

令人驚訝的是，「Double Pump」雖然以社群媒體自居，他們所做的事卻遠遠超過了媒體的範疇。潘郡瑤分享道，他的工作還包含籌辦女性籃球訓練營、推出商品、拍影片等等，未來他們還打算推出籃球的線上課程，這些工作看似繁雜，背後卻是由同樣的核心關懷支撐：看見女性的需求、成為滿足需求的人。他以女性籃球訓練營為例，指出市面上的訓練營雖然標榜不分性別，事實上參與的人九成都是男性。但他們認為女性並非沒有意願，而是缺乏適當的管道，所以他們所舉辦的籃球訓練營提供女性五天專業的訓練，不會因為客群是女性，就調降訓練的難度。潘郡瑤說，參與訓練營不只是學習技巧或和他人建立關係，也是為自己賦權的途徑，因為在過程中他們往往會獲得「相信自己的力量」。

## 不做提問者，做行動的人

一路走來，潘郡瑤和「Double Pump 女子籃球誌」始終不曾忘記初衷。社會學的訓練幫助他跳脫原先被結構限制的位置，得以看見種種既存的問題，因此在卸下球員身分後，他成為了媒體工作者。在為女籃發聲的同時，他也藉由行動創造改變的契機。他坦白地說，在許多察覺女性缺席或消失的時刻，他心中常常浮現一個問題：「為什麼女生沒有？」不管是報導或訓練營皆是如此。但他和夥伴不希望只是「問問題」，而是用他們的力量去解決、改善這些問題，未來他們也計畫推廣其他的運動，例如排球、足球、壘球等等。潘郡瑤也提到「Double Pump」有時會透過影片或是帶著 slogan 的商品等等較軟性的倡議方式去表達他們的主張，像是二〇一六年拍攝的「I am who I AM」便強調女籃球員就是他們自己，而不是男性球員的複製品。

在工作之餘，潘郡瑤也觀察到這幾年社會的改變。一方面觀眾的性別意識提高，所以他們會有意識地抵制過去那種有物化女性意涵的新聞。從世大運的許多報導中，他認為社會也更能接受表現出陽剛氣質的女性運動員。另一方面，女性體育記者的增加讓針對女性運動員的新聞品質和數量皆上升。除了來自運動員的回饋之外，這些觀察也是「Double Pump 女子籃球誌」得以持續運作的動力：因為改變正在發生，所以即使女籃本身的小眾讓推廣的行動辛苦且困難，他們卻能看見挑戰並翻轉現況的可能。「做女籃的發聲者」不僅僅是口號或願望，是潘郡瑤自社研所便開始的實踐，也是他打算持續投入的志業。

（本文採訪於二〇二〇年十二月）

# 苗栗教育現場的社會學實踐
# 大同高中公民老師盧意婷

撰文／柯亮宇

#公民老師 #分析框架 #在地關懷

週三下午，一早從苗栗北上、到台大參加研習的盧意婷，回到社會系館一樓的討論室。「我明天還要下高雄參加另一場研習」，他說自己很喜歡到處參加研習，藉此與各地的老師交流，討論課程內容與教法設計，開闊自己的眼界，也學習更適合將知識傳遞給學生的技巧。

盧意婷是台大社會系系友，大學時期在台大主修心理學，到了高年級才決定雙主修社會學系，並在大學畢業後繼續就讀社研所。碩士班的他同時也在台大師培中心修習「公民與社會科」的教育學程，並在茫茫人海中脫穎而出，應屆考上正式教職，目前在苗栗縣立大同高中任教。苗栗縣的大同高中位於竹南鎮，是苗栗唯一的縣立完全中學，但高中部每年級只有五個班，全校只有一個公民老師，也因此從高一到高三所有學生的公民課，理所當然地由盧意婷一手包辦。

## 從科學家到公民老師，學會從社會脈絡理解「人」

高中念三類組的盧意婷，以前的夢想是當個科學家。為什麼後來跨類組、轉科系往社會學發展，其實和他關注心理疾病的志趣有關。大學期間他參加了台大社團「自閉星雨」、修過「變態心理學」課程，卻認為比起心理學試圖用科學實驗的方式理解自閉症，他更認同社會學注重社會脈絡、生命故事與情境的解釋方式，而了解自閉孩童的家庭敘事與實作也成為後來他的碩士論文題目。

續讀社研所的盧意婷，邊寫論文，還同時擔任兼職研究助理、教學助教並修習教育學程，每天都忙得不可開交，論文還獲得台灣科技與社會研究學會的碩士論文獎。在學術上有所表現的他，卻發現自己並不那麼適合走學術，他說：「當學者的生活實在是太孤單了，我希望可以看到我做的這些事情帶來了哪些改變。」想看見改變的渴望，也成為日後他進入教育現場，在備課與教學時最大的動力。

## 一個回答日常生活疑問的知識與技能

被問到擔任老師到現在，與當初想像最不同的地方，盧意婷認為雖然比想像中辛苦得多，但也沒想到原來自己那麼喜歡當老師。

在他的臉書上可以看到非常多課堂上實作的有趣教案，包含把政治學中比較政府的概念做成「民主政體拉霸」、用動物名稱搶答來解釋經濟學的「生產可能曲線」，或是請學生戴上「社會學的眼鏡」閱讀自己家中的選舉公報，分析不同層級的公職候選人，性別、年齡、學歷、黨籍的分佈有何差別。問起他動手設計教案的初衷是什麼，他說設計不同教案、用不同的方式講授一樣的課程內容是有趣的實驗過程，而且不像一般學術研究的漫長過程，學生的反應是很即時且真實的。

除此之外，透過設計教案，盧意婷也希望學生在學習公民社會科的知識時，能夠體會、發現知識是實用的。像是在進入研究方法的教學時，他會先問同學，如果要知道二〇一八年很紅的高雄市長候選人韓國瑜到底多受歡迎，我們應該怎麼做？並請同學在白板上列舉他們想到的方法，裡頭不乏民調、訪問等等。透過激發學生的自發思考，再進一步引發同學對「怎麼做出有效的民調、訪問」的興趣。「研究方法」這遙遠的名詞也就因此回到地面，回歸它作為我們回答日常生活疑問的知識與技能。

另一方面，設計教案不僅是一種教育的「理念」，其實也是一種「需求」，反映出他在教育現場看到的偏鄉教育問題。「在台大當助教就很輕鬆，因為你不管怎麼講、出題出得多爛，台大的學生都有辦法拿到高分」，與都會區的明星學校相比，他坦言他學校的學生確實學習動機較弱，基礎也不夠紮實。「高中的課，對於我的學校的很多學生來說，真的是太難了，他們從高一就根本跟不上，這不是努力就能達到的程度。」因此，不只要設法用平易近人的語言讓他們懂，也要花力氣讓學生知道為什麼要懂。

另外，在苗栗教書，他也看見學生與這片土地微妙的關係。有一次，他和一個北上讀大學的校友聊天，學生說自己總是有意無意地隱藏來自苗栗的身分，「好像對他而言，苗栗不是一個讓他驕傲的地方。我聽了其實很難過，雖然我不是苗栗人。」因此在設計課程時，他會刻意連結在地議題：以教學生田野調查方法的實作課程為例，盧意婷選擇從苗栗「在地食物」的主題出發，「因為苗栗有非常多元的族群，閩南、客家、新移民，而且（新移民）非常多國，所以我帶他們做異國餐廳的空間的分析、帶學生訪談在地的餐飲小頭家。」希望在田野方法的學習之外，學生更透過瞭解在地人物的故事，知道自己生長的環境其實有豐富的內涵。

## 同理本身就是一種改變

雖然在高中的公民科課綱中，社會學佔比並不多，他認為主修社會學的學生當公民老師的優勢在於社會學關注的議題層面很廣，因此就算面對不同領域的議題，有社會學背景的學生都很容易理解並延伸出更多討論。盧意婷也會將社會學的分析框架應用在各類型的公共議題之上，成為課堂上引導學生的教學架構。像是他帶學生討論「隨機殺人犯」的議題時，就循著社會學慣用的分析視角，從微觀與鉅觀兩個層次切入，一方面帶學生看隨機殺人犯的生命故事，另一方面抽離個人來討論什麼樣的社會導致了這樣的生長過程，而司法與社福制度又是怎麼去因應、解決這樣的社會問題。

而社會學之於「高中老師」這個職業，盧意婷則認為「同理」的訓練帶給他很不同的視野。所謂同理，他引用賴曉黎教授說的：去理解每個人、每個選擇的社會條件。「這可能是一種社會學習慣的思考方式吧，想要理解他人的行動或詮釋。」同理讓他傾向站在學生的角度去思考，不僅能更有效地與學生溝通、理解學生的需求，也更容易跳脫過去老師的權威形象與不對等關係。

而對於「同理」這個並不簡單的課題，進入教育現場，學生的回饋也帶給盧意婷一個重要的體悟。很多時候我們會想問「同理之後，到底能帶來什麼改變？」但從學生身上，他看見同理本身就是一種改變。「有的時候，學生就只是要你的理解而已，他沒有要跟你要答案，但他想被理解。」他也將這樣的信念帶入課程作為回饋。像是當初決定和學生討論隨機殺人犯時，他並不是刻意想改變同學對「社會重大爭議」的立場，「最重要的是我希望你可以理解這個人到底怎麼了，那你可以維持你的想法，但至少是在你知道更多之後還堅持想法，而且能夠知道別人是怎麼想的。」

## 社會學結合教育專業，成為實際改變的力量

這樣的同理，不只是讓盧意婷理解他人，更反過來看見自己。「學社會學會讓你了解別人是怎麼樣的處境，進而也會了解自己為何會有這樣的情緒、做這樣的選擇。」當對別人的同理面向自己，也就更能理解、包容自己的不足。這是社會學訓練帶給他人生的幫助。但從學院進入教育現場，他也看見社會學訓練帶來某些限制。

「我一進到現場，有點想急著要批評別人。」批判作為社會學的鮮明旗幟，他卻在進入教育現場時有所改觀。「以前就覺得老師就是做講義給學生填空，是填鴨啊，後來才發現填鴨也不容易耶，講義也不是那麼好做的！」尤其公民科的領域甚廣，菜鳥老師要達到及格的教學水準已是相當困難，至少要掌握每一個知識點而不能「教錯」。從中，他體認到理解要先行於批判，「教

學創新」的前提更是老師已具有豐厚「傳統教學」的經驗與能力；以此為基礎，才能設計出符合教學目標、學生需求的創新教案。

身為一個教育工作者，也是社會學的實踐者，他認為社會學的特性在於必須跟其他領域結合，才能真正影響社會。透過教育、資訊、社工、法律等專業，讓社會學「不會只是一個安慰式的溫柔，而是真的能夠改變實際的東西。」以自己的職業來說，就是透過結合教育的專業，實際提供學生協助，並對這個社會做出改變。

（本文採訪於二〇二〇年九月）

# 用社會學思維，發起一場「共享教育」的革命
## Hahow 共同創辦人江前緯

撰文／歐陽辰柔

#Hahow 共同創辦人 #知識共享 #適才適性

七年級生從小對「活到老，學到老」的口號都不陌生，長大後卻發現學習的門檻不如想像中容易跨越。做自己想做、同時又擅長做的事情，為何如此困難？江前緯和夥伴從這個疑問出發，打造全台第一個結合募資及線上課程的數位平台「Hahow」，希望藉科技之力破除藩籬，讓體

制外的教育更多元、也更容易落實，邁向馬克思（Karl Marx）理想中「適才適性」的共好社會。

和所在大樓低調陳舊的外表相反，走進 Hahow 的辦公室，窗外陽光灑落玄關，照亮桌上的小盆栽，溫暖的木頭地板，還有又長又軟的沙發，一切都散發出嶄新的光澤。像家一樣，比起辦公桌椅，更先映入眼簾的是吧台，牆上的飛鏢靶，和變速腳踏車，襯托出這裡自由自在的氣氛。

「今天有老師要來錄影。」江前緯示意了一下轉角的房間，裡面攝影器材已就位，幾位員工從容地調整燈光，模樣年輕而動作老練，展現出這個以七、八年級生為主體的團隊，特有的蓬勃朝氣。

Hahow，取自台語「學校」（hȧk-hāu）的諧音，成立於二〇一五年，是全台第一個結合募資與雲端授課的數位平台，鎖定體制外教育，主題橫跨藝術、設計、語言、程式、行銷、乃至投資理財。學員可以從課程大綱和試教影片，決定是否贊助，一旦開課成功，除了能不限次數觀看教學影片，還能與老師在網上互動，包括提問和批改作業。

這項創新的舉措，來自洞悉現代人想學一技之長，離開學校後卻不得其門而入的缺憾，上線後迅速獲得迴響。四年來，已累積三百堂課，八萬名付費會員，其中超過三成更是購買兩堂課以上的「資深客戶」。

「我們很相信這句話：這社會最成功的樣貌，是你找到一件喜歡做，而且擅長做的事。這不只是個人，而是社會更好的實現。」共同創辦人CEO的江前緯篤定地說。

## 跨域學習的想像，源自一堂課的啟發

這一切得從十年前說起。二〇〇九年，當時江前緯還是台大社會系三年級的學生，在必修課「社會學理論」中，聽聞劉華真教授暢談馬克思的思想，驚為天人。

「馬克思說，適才不等於適性。你擅長做的，不等於喜歡做的。」然而最理想的情況，卻是「早上打獵，下午釣魚，晚飯後討論哲學」，各人依己所好，自由選擇想做的事。「當時衝擊太大，覺得世界被顛覆了！」他回想。自己原本也熱愛藝術設計，因分數太高「被迫」選擇台大，上了大學，又發現很多讀法律、電機等第一志願的朋友，同樣因為太會念書，犧牲了自己的夢想。即便想在課餘學習喜歡的技能，門檻卻意外地高，去理工科系容易被擋修，到外面找設計補習班費用又動輒上萬。「我就覺得，有沒有什麼辦法，讓大家去多方嘗試？人的本性是渴望多元探索的，我不喜歡被侷限。馬克思的話給予了一個理論的支持。」經過多年努力，Hahow 就是他給出的答案。

## 讓「第二專長」成為軟性連結，消弭歧視和誤解

成功打響名號後，各種模仿的競爭對手立刻如雨後春筍般浮現。但江前緯點出 Hahow 的優勢，還是在於內容。除了擔任概念發想和對外溝通角色的他之外，其餘三位共同創辦人都有深厚的電腦專業背景，把關數位平台建構的品質。而且他們懂得從「人」的角度思考，重視使用者經驗，例如光課程審核標準就達一百多條，並堅持老師在網路多與學生互動，接受學生反饋的建議，甚至成為全台第一個有線上客服系統的平台。每週唯一的社內例行會議，就是要求全部員工聆聽客服分享學生遇到的問題，在在都為了確保這整個「分享教育」的行動，不是隨便喊口號，而是一場高水準的溫柔改革。

開拓學習機會還有另更深一層的意義，就是促進包容和理解。「現在的網路社群，是加深每一個同溫層。像臉書的塗鴉牆，是強化跟你立場相同的人。但社群網路，應該是要創造連結。」

他分析道：「我們發現人與人要建立同理，有的時候，不能直接針對衝突的議題去交流。例如支持同性婚姻，往往不是原生很支持，都是透過一些非正式管道，像認識一位很好的朋友，後來發現他是同志，所以降低了誤解。我常和台大資工的 co-founder 開玩笑，以前不認識資工系的人，覺得噢宅男啊，只會修電腦。後來發現他比我會玩，比我有才藝！」這也是為何 Hahow 鼓勵身懷絕技的「素人」講師投稿授課，甚至主動邀請，而且越特別的主題越歡迎。開跑初期，

就有一位自學成為場景繪稿師的學生，開課傳授「透視繪畫」，一炮而紅。以及講師本人都沒想過竟開得成，從歷史、製程到挑選都詳細介紹的「一堂把你變高跟鞋專家的課」。近期和新竄起的資訊設計團隊「圖文不符」合作開設的系列課程，更創下單堂破萬名的報名紀錄。每一次的開課，都在打破對學習既有的想像框架。

「我很不喜歡標籤。比較商業性的採訪就會問，你憑什麼從社會系畢業，然後創辦一間科技公司？這問題真是充滿了偏（見）……透過跨領域的連結，激發人與人之間知識技能和觀點的有效流動，這是我們的使命。你說社會學有沒有影響我的daily，有，整間公司就是社會學drive出來的。」

## 推掉八位數融資，只為守護內心的價值

雖然起跑得很風光，但所有公司都會遭遇理想與現實抉擇的兩難，Hahow也不例外。去年（二〇一八）就面臨一場風暴，江前緯不得已推掉一位新加坡著名投資人高達兩百萬美金的挹注，只因對方的要求，從根本上挑戰了Hahow的信念。

「我治理的方式，是『適才』、『適性』、和『公司利益最大化』（三者的交集）。但投資

人只要『利益最大化』，他看到我因為『適性』這個部分，做出一些取捨，比如盡量讓他們（員工）去 rotating（輪不同職務），看是否可以 pick up 一個新的才能。投資人直接下 call 說，如果投資進來，我要你 fire 多少人，我做不到，就拒絕了。但這是一個很痛苦的過程，因為那時候公司快沒錢了。」

最後他還是吞下這個巨大的損失，並在開會時向全公司報告，這麼做的原因是為了「選擇善良」。「社會學有一個使命是，整個社會是一體的。今天不該拿這麼多，卻多賺了，有一天會被拿回去。資本主義這麼狠性的競爭中，當你是少數願意讓利的，大家反而會更 appreciate 你，最後利益還是會回到你手上。我不想跟投資人講這個，他們沒辦法理解，但又任性地相信這是成功的樣貌，我們這一代都很在意這東西，如果捨棄掉，就跟一般失敗的公司沒什麼兩樣。」

從願景的設定，內部的管理，到每一次重大的商業判斷，不斷實踐社會學給予的啟發，穩紮穩打地培養改變的動能。他得意地說，創設至今，五十人的團隊中離職率不到百分之五，很多人明明能找到更好的薪資待遇，卻願意留在 Hahow 一起努力，證明這份「善良」絕非毫無意義。

## 持續跨越隔閡，把資源分享給更多人

如今堪稱國內最熱門的數位學習平台，甚至不少會員來自港、中、馬來西亞等其它國家，Hahow 開始思考下一步該怎麼走。

江前緯指出，以目前收集到的學生資料來看，主要還是集中在台灣北部，而且以二十六至三十五歲，佔百分之四十為最大宗，不僅顯示網路的推播，於地域上依舊有別，而且特別是高齡族群，觸及率相對低落。未來如何將好的內容，帶給更多年齡層，甚至籌辦一些公益課程給需要的人，都是可能的方向。

此外，他也希望逐步將點狀的「課程」串起成為「學程」。因為客服不時會收到，學生傳來履歷和作品集，諮詢該如何補強專業技能。「社會責任越來越多！」他笑道。倘若未來能有「人文學程」、「設計學程」的系列選擇，勢必能讓這間體制外「好學校」，更完善地幫助分佈全國、甚至全世界的學生們。「只要莫忘初衷，保持正向的信念，最後一定會找到一群，願意一起實現理念的人。就像 Hahow 這樣！」

（本文採訪於二〇一九年）

社會學出社會

主編：林國明
撰文：李秉純、林育葳、柯亮宇、陳芸露、歐陽辰柔、賴亨利、嚴子晴
美術設計：羽夏
封面設計：安安
封面插畫：葉長青

總編輯：廖之韻
創意總監：劉定綱
執行編輯：錢怡廷

出版：奇異果文創事業有限公司
電話：（02）23684068
傳真：（02）23685303
網址： https://www.facebook.com/kiwifruitstudio
電子信箱：yunkiwi23@gmail.com

法律顧問：林傳哲律師 / 昱昌律師事務所

總經銷：紅螞蟻圖書有限公司
地址：台北市內湖區舊宗路二段 121 巷 19 號
電話：（02）27953656
傳真：（02）27954100
網址：http://www.e-redant.com

初版：2022 年 12 月 28 日
二刷：2023 年 3 月 2 日
定價：新台幣 350 元
ISBN：9786269708901



國家圖書館出版品預行編目 (CIP) 資料

社會學出社會 / 李秉純，林育葳，柯亮宇，陳芸露，歐陽辰柔，賴亨利，嚴子晴採訪撰文；林國明主編 . -- 初版 . -- 臺北市：奇異果文創事業有限公司，2022.12

面； 公分

ISBN 978-626-97089-0-1( 平裝 )

1.CST: 社會學 2.CST: 人物志 3.CST: 訪談 4.CST: 文集

540.7 112000570